Impressum
Verlag: BABADADA GmbH, Nedderfeld 112 , 22529 Hamburg
Geschäftsführer / Verlagsleitung: Harald Hof
Druck: Books on Demand GmbH, In de Tarpen 42, 22848 Norderstedt

Imprint
Publisher: BABADADA GmbH, Nedderfeld 112 , 22529 Hamburg, Germany
Managing Director / Publishing direction: Harald Hof
Print: Books on Demand GmbH, In de Tarpen 42, 22848 Norderstedt

ကျောင်း
σχολείο

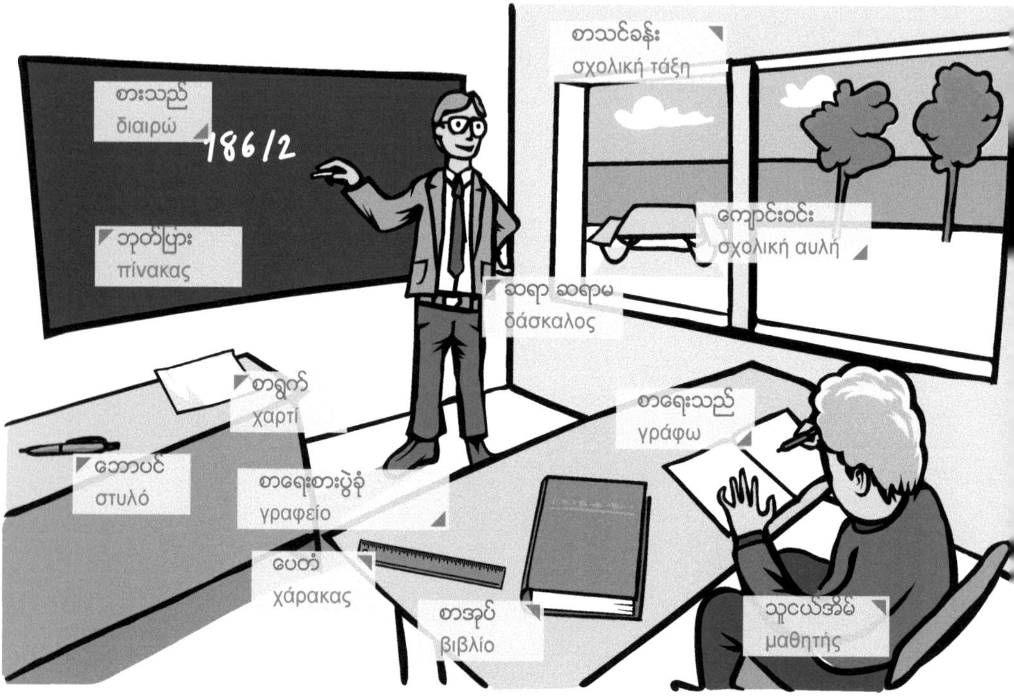
စာသင်ခန်း
σχολική τάξη
စားသည်
διαιρώ
186/2
ဘုတ်ပြား
πίνακας
ကျောင်းဝင်း
σχολική αυλή
ဆရာ ဆရာမ
δάσκαλος
စာရွက်
χαρτί
စာရေးသည်
γράφω
ဘောပင်
στυλό
စာရေးစားပွဲခုံ
γραφείο
ပေတံ
χάρακας
စာအုပ်
βιβλίο
သူငယ်အိမ်
μαθητής

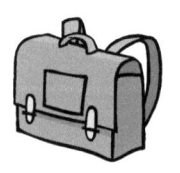

အဖုံးပါ ဘေးလွယ်အိတ်
σχολική τσάντα

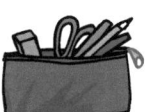

ခဲတံဘူး
κασετίνα/ μολυβοθήκη

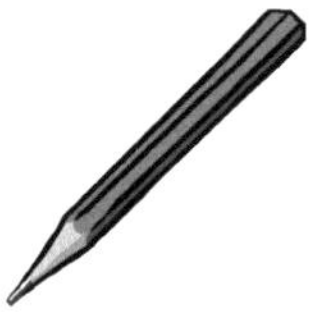

ခဲတံ
μολύβι

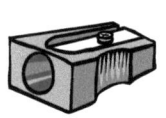

ချွန်စက်
ξύστρα

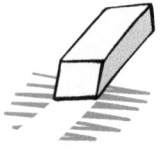

ခဲဖျက်
γόμα

ပုံဆွဲစာအုပ်
μπλοκ ζωγραφικής

ပုံဆွဲခြင်း

ζωγραφική

ဆေးခြယ်သည့် စုပ်တံ

πινέλο

အရောင်စုံ ဘူး

κουτί χρωμάτων

ကပ်ကြေး

ψαλίδι

ကော်

κόλλα

လေ့ကျင့်ခန်းစာအုပ်

τετράδιο ασκήσεων

အိမ်စာ

εργασία για το σπίτι

12

နံပါတ်

αριθμός

2+2

ပေါင်းသည်

προσθέτω

5-2

နုတ်သည်

αφαιρώ

2×2

မြှောက်သည်

πολλαπλασιάζω

တွက်ပါ

υπολογίζω

A

စာ

γράμμα

ABCDEFG HIJKLMN OPQRSTU VWXYZ

အက္ခရာ

αλφάβητο

hello

စကားလုံး

λέξη

ကျောင်း – σχολείο

ဖတ်စာအုပ်
κείμενο

ဖတ်သည့်
διαβάζω

မြေမြူ
κιμωλία

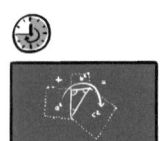

သင်္ချန်စာ
μάθημα

ကျောင်းခေါ်ချိန်
မှတ်တမ်းစာအုပ်
εγγράφομαι

စာမေးပွဲ
τεστ

အထောက်အထားလက်မှတ်
πιστοποιητικό

ကျောင်းဝတ်စုံ
μαθητική στολή

ပညာရေး
εκπαίδευση

စွယ်စုံကျမ်း
εγκυκλοπαίδεια

တက္ကသိုလ်
πανεπιστήμιο

အနုကြည့်မှန်ပြောင်း
μικροσκόπιο

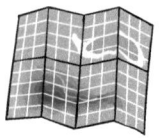

မြေပုံ
χάρτης

အမှိုက်စွန့်ပုံး
καλάθι αχρήστων

ဟိုတယ်
ξενοδοχείο

Grand

ဘော်ဒါဆောင်
ξενώνας

ROOMS

ငွေလဲဌာန
ανταλλακτήρια συναλλάγματος

EXCHANGE

ခရီးဆောင်အိတ်
βαλίτσα

ကား
αυτοκίνητο

ဘာသာစကား

γλώσσα

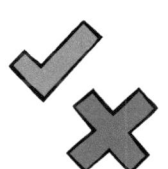

မှန် / မှား

ναι / όχι

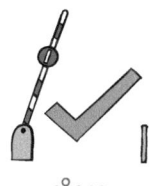

အိုကေ

εντάξει

ဟယ်လို

γεια σου

ဘာသာပြန်

μεταφραστής

ကျေးဇူးတင်ပါတယ်

Ευχαριστώ

......က ဘယ်လောက်လဲ။

πόσο κάνει ;

ကျွန်ုပ် နားမလည်ဘူး

Δε καταλαβαίνω

ပြဿနာ

πρόβλημα

မင်္ဂလာ ညနေခင်းပါ။

Καλησπέρα!

မင်္ဂလာ နံနက်ခင်းပါ။

Καλημέρα!

မင်္ဂလာ ညပါ။

Καληνύχτα!

ဘိုင်းဘိုင်

Αντίο

ဦးတည်ရာ

κατεύθυνση

ခရီးဆောင်သေတ္တာ

αποσκευές

အိတ်

τσάντα

ကျောပိုးအိတ်

σακίδιο πλάτης

ဧည့်သည်

καλεσμένος

အခန်း

δωμάτιο

တစ်ကိုယ်စာအိပ်ယာလိပ်

υπνόσακος

ရွက်ထည်တဲ

σκηνή

ခရီးသွားဧည့်သည်အတွက်
သတင်းအချက်အလက်

τουριστικές πληροφορίες

ကမ်းခြေ

παραλία

အကြွေးဝယ်ကတ်

πιστωτική κάρτα

နံနက်စာ

πρωινό

နေ့လည်စာ

μεσημεριανό

ညစာ

δείπνο

လက်မှတ်

εισιτήριο

ဓာတ်လှေကား

ανελκυστήρας

တံဆိပ်ခေါင်း

γραμματόσημο

နယ်စပ်

σύνορα

အခွန်များ

τελωνείο

သံရုံး

πρεσβεία

ဗီဇာ

βίζα

 နိုင်ငံကူးလက်မှတ်

διαβατήριο

သယ်ယူပို့ဆောင်ရေး

μεταφορά

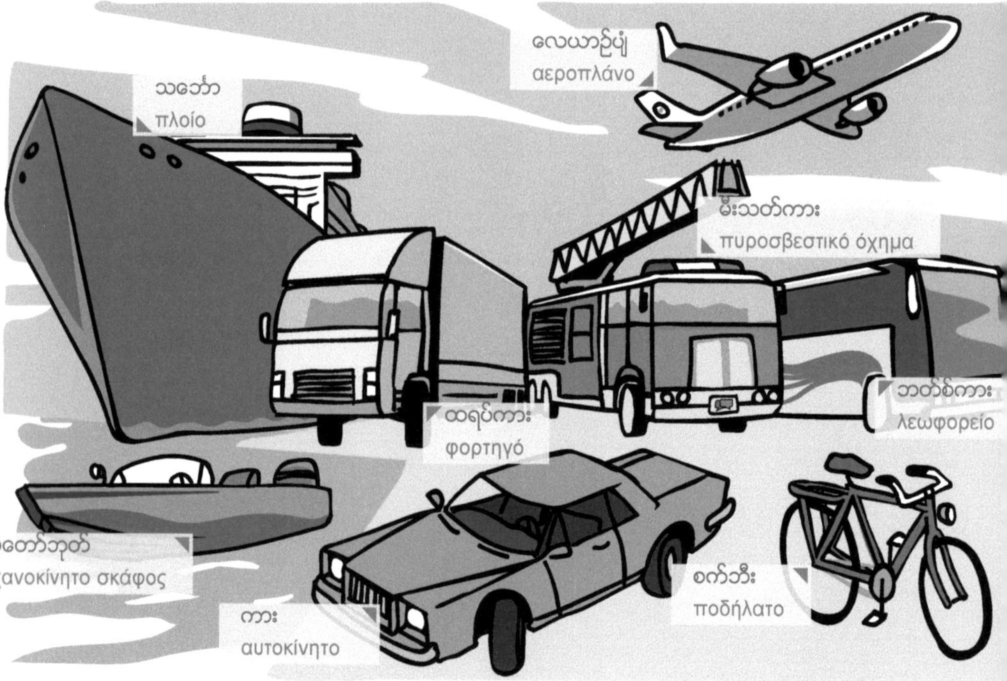

လေယာဉ်ပျံ
αεροπλάνο
သင်္ဘော
πλοίο
မီးသတ်ကား
πυροσβεστικό όχημα
ဘတ်စ်ကား
λεωφορείο
ထရပ်ကား
φορτηγό
ာ်တော်ဘုတ်
χανοκίνητο σκάφος
စက်ဘီး
ποδήλατο
ကား
αυτοκίνητο

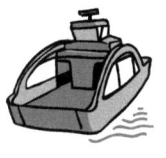

ဖယ်ရီသင်္ဘော

φεριμπότ

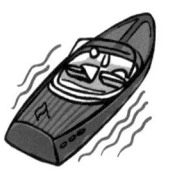

လှေ

βάρκα

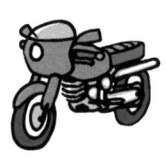

မော်တော်ဆိုက်ကယ်

μοτοσικλέτα

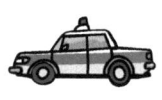

ရဲကား

περιπολικό

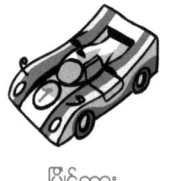

ပြိုင်ကား

αγωνιστικό αυτοκίνητο

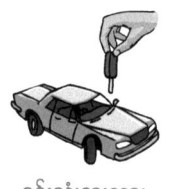

စင်းလုံးငှားကား

ενοικιαζόμενο αυτοκίνητο

ကားဝေမျှသုံးစွဲခြင်း
μοιρασμός αυτοκινήτων

ပျက်နေသော ထရပ်ကား
γερανός

အမှိုက်သယ်ယာဉ်
απορριμματοφόρο

မော်တာ
κινητήρας

လောင်စာ
καύσιμο

ဓာတ်ဆီဆိုင်
βενζινάδικο

လမ်းကြောပြ ဆိုင်းဘုတ်
πινακίδα σήμανσης

ယာဉ်အသွားအလာ
κυκλοφορία

လမ်းကြောပိတ်ဆို့မှု
κυκλοφοριακή συμφόρηση

ကားရပ်နားရာနေရာ
χώρος στάθμευσης

ရထားဘူတာရုံ
σιδηροδρομικός σταθμός

လမ်းကြောင်းများ
σιδηροδρομικές γραμμές

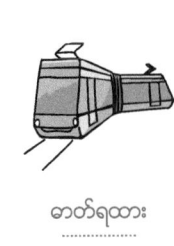
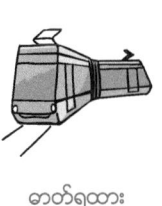
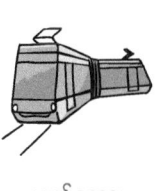
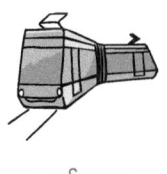
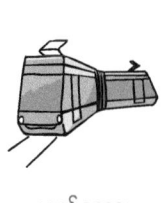

ရထား
τρένο

ဓာတ်ရထား
τραμ

ရထားလုံး
βαγόνι

ဟယ်လီကော်ပီတာ
ελικόπτερο

လေဆိပ်
αεροδρόμιο

တာဝါ
πύργος

ခရီးသည်
επιβάτης

ထည့်စရာပုံး
εμπορευματοκιβώτιο

ကတ်ထူပုံး
χαρτοκιβώτιο

လှည်း
καρότσι

ခြင်း
καλάθι

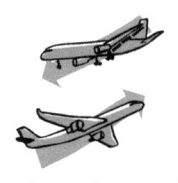

ထွက်ခွာ / ဆိုက်ရောက်
απογειώνομαι /
προσγειώνομαι

မြို့တော်
πόλη

ကျေးရွာ
χωριό

မြို့လယ်ခေါင်
κέντρο της πόλης

အိမ်
σπίτι

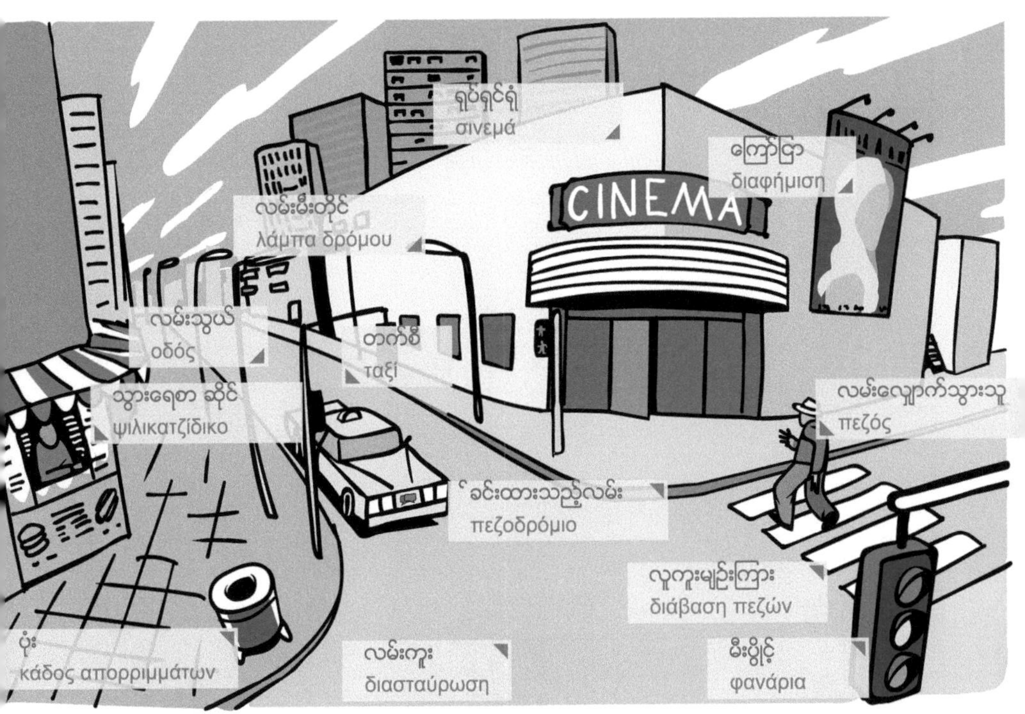

ရုပ်ရှင်ရုံ
σινεμά

ကြော်ငြာ
διαφήμιση

လမ်းမီးတိုင်
λάμπα δρόμου

လမ်းသွယ်
οδός

တက္ကစီ
ταξί

သွားရေစာ ဆိုင်
ψιλικατζίδικο

လမ်းလျှောက်သွားသူ
πεζός

ခင်းထားသည့်လမ်း
πεζοδρόμιο

လူကူးမျဉ်းကြား
διάβαση πεζών

ပုံး
κάδος απορριμμάτων

လမ်းကူး
διασταύρωση

မီးပွိုင်
φανάρια

တဲအိမ်
καλύβα

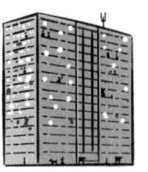

နေအိမ်ခန်း
διαμέρισμα

ရထားဘူတာရုံ
σιδηροδρομικός σταθμός

မြို့တော်ခန်းမ
δημαρχείο

ပြတိုက်
μουσείο

ကျောင်း
σχολείο

မြို့တော် - πόλη

တက္ကသိုလ်

πανεπιστήμιο

ဘဏ်

τράπεζα

ဆေးရုံ

νοσοκομείο

ဟိုတယ်

ξενοδοχείο

ဆေးဆိုင်

φαρμακείο

ရုံးခန်း

γραφείο

စာအုပ်ဆိုင်

βιβλιοπωλείο

ဆိုင်

κατάστημα

ပန်းရောင်းသူ၏

ανθοπωλείο

စူပါမားကတ်

σούπερ μάρκετ

ဈေး

αγορά

ပစ္စည်းမျိုးစုံရောင်းသည့်
စတိုးဆိုင်ကြီး

πολυκατάστημα

ငါးရောင်းသူ၏

ιχθυοπωλείο

ဈေးဝယ်စင်တာ

εμπορικό κέντρο

သင်္ဘောဆိပ်

λιμάνι

အနားယူပန်းခြံ

πάρκο

ထိုင်ခုံတန်း

παγκάκι

တံတား

γέφυρα

လှေကားထစ်များ

σκάλες

မြေအောက်

μετρό

ဥမင်လှိုင်ခေါင်း

τούνελ

ဘတ်စ်ကားမှတ်တိုင်

στάση λεωφορείου

ဘား

μπαρ

စားသောက်ဆိုင်

εστιατόριο

စာတိုက်သေတ္တာ

γραμματοκιβώτιο

လမ်းဆိုင်းဘုတ်

πινακίδα δρόμου

ကားရပ်နားခ ကောက်ခံသည့် မီတာ

παρκόμετρο

တိရိစ္ဆာန်ရုံ

ζωολογικός κήπος

ရေကူးကန်

πισίνα

ဗလီ

τζαμί

လယ်ယာ

αγρόκτημα

ညစ်ညမ်းမှု

ρύπανση

သချႋုင်းကုန်း

νεκροταφείο

ဘုရားရှိခိုးကျောင်း

εκκλησία

ကစားကွင်း

παιδική χαρά

ဘုရားကျောင်း

ναός

ရှုခင်း

τοπίο

သစ်ရွက်
φύλλο

ဆိုင်းဘုတ်
πινακίδα κατεύθυνσης

လမ်း
δρόμος

မြက်ခင်း
λιβάδι

ကျောက်တုံး
πέτρα

သစ်ပင်
δέντρο

တောင်တက်သမား
πεζοπόρος

မြစ်
ποτάμι

မြက်
χορτάρι

ပန်း
λουλούδι

တောင်ကြား
κοιλάδα

တောင်ကုန်း
λόφος

ရေကန်
λίμνη

သစ်တော
δάσος

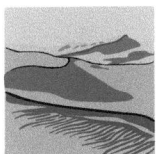

သဲကန္တာရ
έρημος

မီးတောင်
ηφαίστειο

ရဲတိုက်
κάστρο

သက်တန့်
ουράνιο τόξο

မို
μανιτάρι

ထန်းပင်
φοίνικας

ခြင်
κουνούπι

ပျံသန်းသည်
μύγα

ပုရွက်ဆိတ်
μυρμήγκι

ပျား
μέλισσα

ပင့်ကူ
αράχνη

ပိုးတောင်မာ
σκαθάρι

ဖား
βάτραχος

ရှဉ့်
σκίουρος

ဖြူကောင်
σκαντζόχοιρος

ယုန်
λαγός

ဇီးကွက်
κουκουβάγια

ငှက်
πουλί

ငန်း
κύκνος

တောဝက်
αγριογούρουνο

သမင်
ελάφι

ချိုပြားဒရယ်
άλκη

ဆည်
φράγμα

လေအားသုံး
လျှပ်စစ်ဓာတ်အားပေးစက်
ανεμογεννήτρια

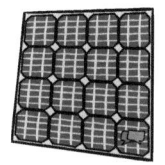

နေရောင်ခြည်ခံပြား
ηλιακός συλλέκτης

ရာသီဥတု
κλίμα

စားသောက်ဆိုင်

εστιατόριο

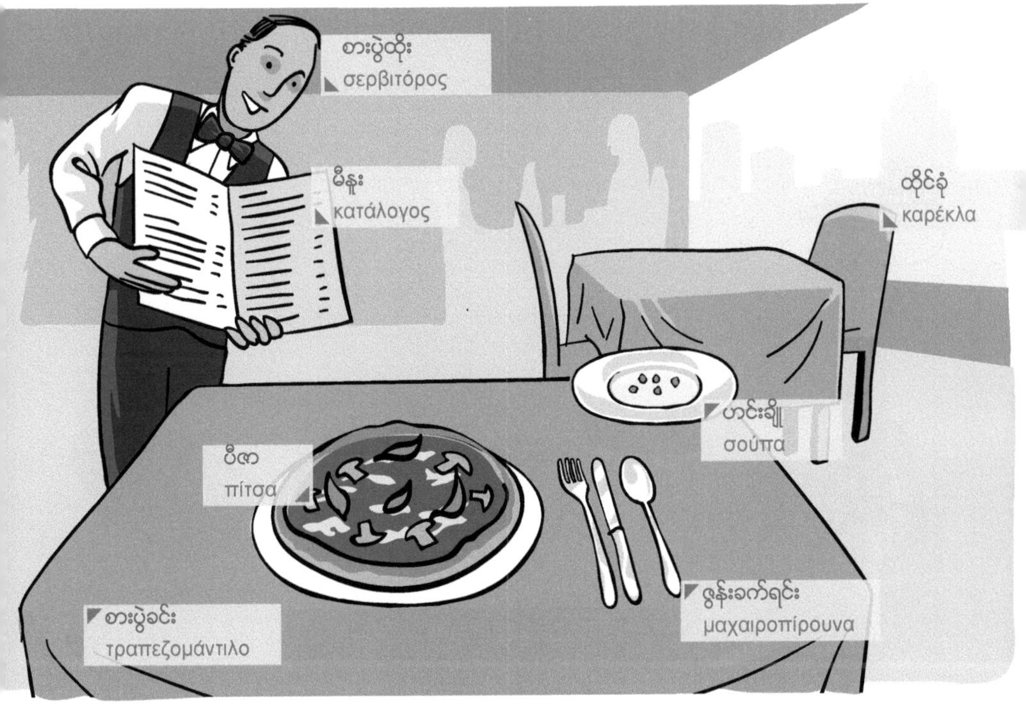

စားပွဲထိုး
σερβιτόρος
မီနူး
κατάλογος
ထိုင်ခုံ
καρέκλα
ဟင်းချို
σούπα
ပီဇာ
πίτσα
ဇွန်းခက်ရင်း
μαχαιροπίρουνα
စားပွဲခင်း
τραπεζομάντιλο

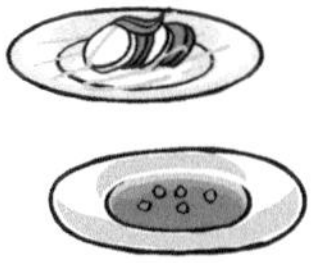

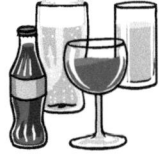

ပထမဆုံး စားသည့် အစာ

ορεκτικό

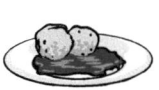

ပင်မ အစာ

κύριο πιάτο

အချိုပွဲ

επιδόρπιο

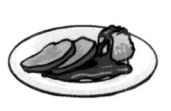

သောက်စရာများ

ποτά

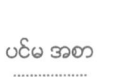

အစားအစာ

φαγητό

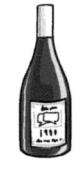

ပုလင်း

μπουκάλι

အသင့်ပြင်ပြီးသား အစားအစာ

φαστ φουντ

လမ်းဘေးအစားအစာ

φαγητό στ' όρθιο

လက်ဖက်ရည်အိုး သို့မဟုတ်
ရေနွေးကြမ်းအိုး

τσαγιέρα

သကြားအိုး

δοχείο ζάχαρης

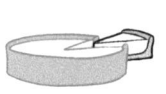

တစ်ယောက်စာ

μερίδα

အက်စ်ပရက်ဆို ကော်ဖီစက်

μηχανή εσπρέσο

ထိုင်ခုံအမြင့်

ψηλή καρέκλα

ငွေတောင်းခံလွှာ

λογαριασμός

ဗန်း

δίσκος

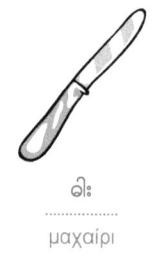

ဓါး

μαχαίρι

ခက်ရင်း

πιρούνι

ဇွန်း

κουτάλι

လက်ဖက်ရည်ဇွန်း

κουταλάκι του τσαγιού

လက်သုတ်ပုဝါ

πετσέτα φαγητού

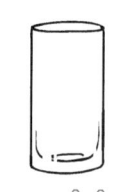

ရေသောက်ဖန်ခွက်

ποτήρι

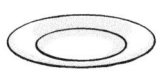

ပန်းကန်ပြား
πιάτο

ဟင်းချိုပန်းကန်ပြား
πιάτο σούπας

ပန်းကန်ပြား
πιατάκι φλιτζανιού

ဆော့စ်
σάλτσα

ဆားအိုး
αλατιέρα

ငရုတ်ကောင်း ချေစက်
μύλος για πιπέρι

ရှာလကာရည်
ξύδι

ဆီ
λάδι

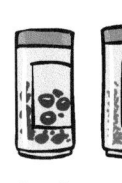

ဟင်းခတ်အမွှေးအကြိုင်
μπαχαρικά

ခရမ်းချဉ်သီးဆော့စ်
κέτσαπ

မုန်ညင်းဆီဆော့စ်
μουστάρδα

မယိုးနိစ်
μαγιονέζα

စူပါမားကတ်
σούπερ μάρκετ

အထူးကမ်းလှမ်းချက်
προσφορά
FOR
ဖောက်သည် သို့မဟုတ် ဈေးဝယ်သူ
πελάτης
နို့ထွက်ပစ္စည်း
γαλακτοκομικά προϊόντα
သစ်သီး
φρούτα
ထရော်လီလှည်း
καρότσι για ψώνια

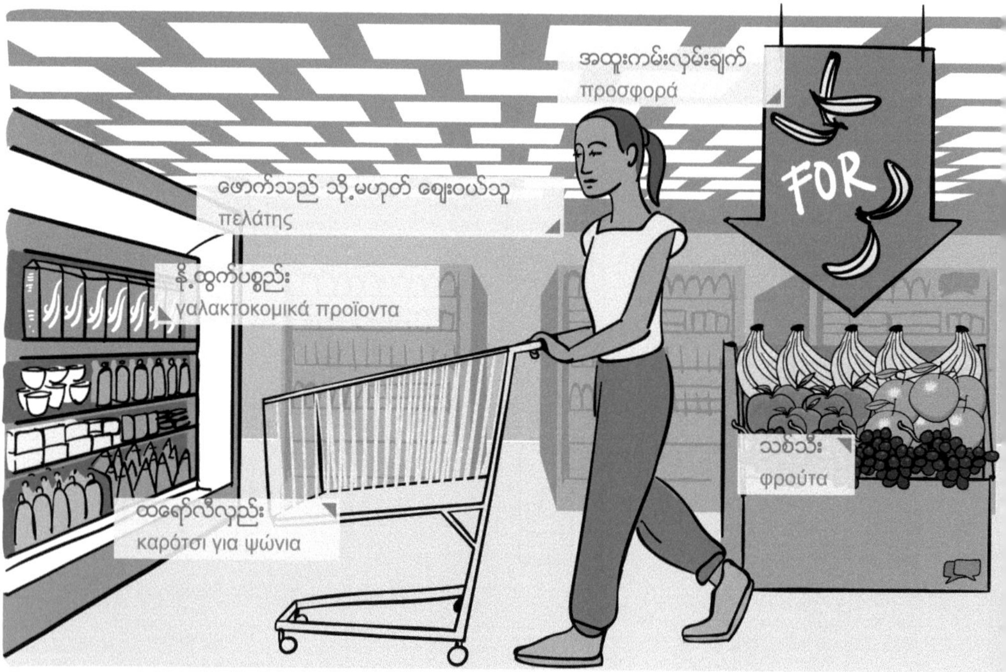

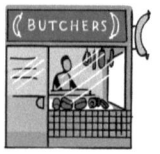

BUTCHERS

သားသတ်သမား၏

κρεοπωλείο

BAKERY

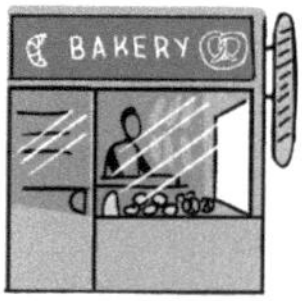

မုန့်ဖုတ်သမား၏

φούρνος

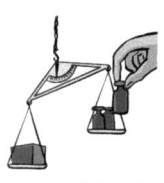

အလေးချိန်သည်

ζυγίζω

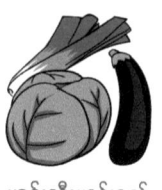

ဟင်းသီးဟင်းရွက်

λαχανικά

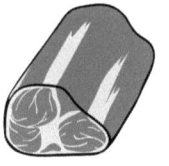

အသား

κρέας

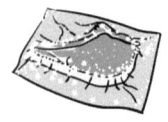

အေးခဲထားသည့် အစားအစာ

κατεψυγμένα τρόφιμα

ဆင်ထားသော အသားအေး
αλλαντικά

သုံးဖူးသွပ် အစားအစာ
κονσερβοποιημένη τροφή

ဆပ်ပြာမှုန့်
απορρυπαντικό ρούχων

သကြားလုံးများ
γλυκά

အိမ်သုံး ပစ္စည်းများ
οικιακά είδη

သန့်ရှင်းရေး ပစ္စည်းများ
καθαριστικά προϊόντα

ဈေးရောင်းသူ
πωλήτρια

အဏ္ဍ
ταμείο

ငွေကိုင်
ταμίας

ဈေးဝယ်စာရင်း
λίστα για ψώνια

ဖွင့်ချိန်နာရီများ
ωράριο λειτουργίας

အိတ်ဆောင် ပိုက်ဆံအိတ်
πορτοφόλι

အကြွေးဝယ်ကတ်
πιστωτική κάρτα

အိတ်
τσάντα

ပလတ်စတစ်အိတ်
πλαστική σακούλα

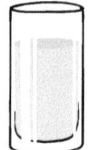

ေရ

νερό

သစ်သီးဖျော်ရည်

χυμός

နွားနို့

γάλα

ကိုကာကိုလာ

κόκα κόλα

ဝိုင်

κρασί

ဘီယာ

μπίρα

အရက်

αλκοόλ

ကိုကိုးမှုန့်

κακάο

လက်ဖက်ရည် သို့မဟုတ်
ရေနွေးကြမ်း

τσάι

ကော်ဖီ

καφές

အက်စ်ပရက်ဆို ကော်ဖီ

εσπρέσο

ကပူချီနိကော်ဖီ

καπουτσίνο

ငှက်ပျောသီး
μπανάνα

ပန်းသီး
μήλο

လိမ္မော်သီး
πορτοκάλι

ဖရဲသီးမျိုးဝင်
πεπόνι

သံပုရိုသီး
λεμόνι

မုန်လာဥနီ
καρότο

ကြက်ညှန်ဖြူ
σκόρδο

မျှစ်
μπαμπού

ကြက်သွန်နီ
κρεμμύδι

မို
μανιτάρι

ပဲစေ့များ
ξηροί καρποί

ခေါက်ဆွဲ
νουντλς

စပါဂတီ ခေါ် အီတာလီ ခေါက်ဆွဲ
μακαρόνια

ထမင်း
ρύζι

ဆလပ်ရွက်သုတ်
σαλάτα

အကြွပ်ကြော်များ
πατατάκια

အာလူးကြော်
τηγανητές πατάτες

ပီဇာ
πίτσα

ဟမ်ဘာဂါ
χάμπουργκερ

အသားညှပ်ပေါင်မုန့်
σάντουιτς

ကတ်တလိပ်
κοτολέτα

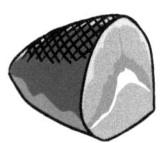

ဝက်ပေါင်ခြောက်
ζαμπόν

ဆလာမီ
σαλάμι

ဝက်အူချောင်း
λουκάνικο

ကြက်သား
κοτόπουλο

ရှို့ဖုတ်လုပ်ခြင်း
ψητό

ငါး
ψάρι

ကွေကာအုတ်
χυλός βρώμης

မျိုးစလီ
μούσλι

ပြောင်းစေ့ပြား
κορν φλέικς

ဂျုံမှုန့်
αλεύρι

ခရာဆွန်း ခေါ်
ပြင်သစ်ပေါင်မုန့်တစ်မျိုး
κρουασάν

ပေါင်မုန့်လိပ်
ψωμάκι

ပေါင်မုန့်
ψωμί

ပေါင်မုန့်မီးကင်
τοστ

ဘီစကစ်
μπισκότα

ထောပတ်
βούτυρο

ဒိန်ခဲ
τυρόπηγμα

ကိတ်မုန့်
κέικ

ဥ
αυγό

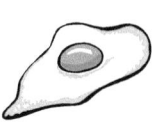

ဥကြော်
τηγανητό αυγό

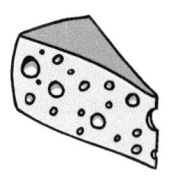

ချိစ်
τυρί

အစားအစာ - φαγητό

ရေခဲမုန့်
παγωτό

သကြား
ζάχαρη

ပျားရည်
μέλι

ယို
μαρμελάδα

ယိုသုတ်စားသည့် ချောကလက်
άλλειμμα σοκολάτας

ဟင်း
κάρυ

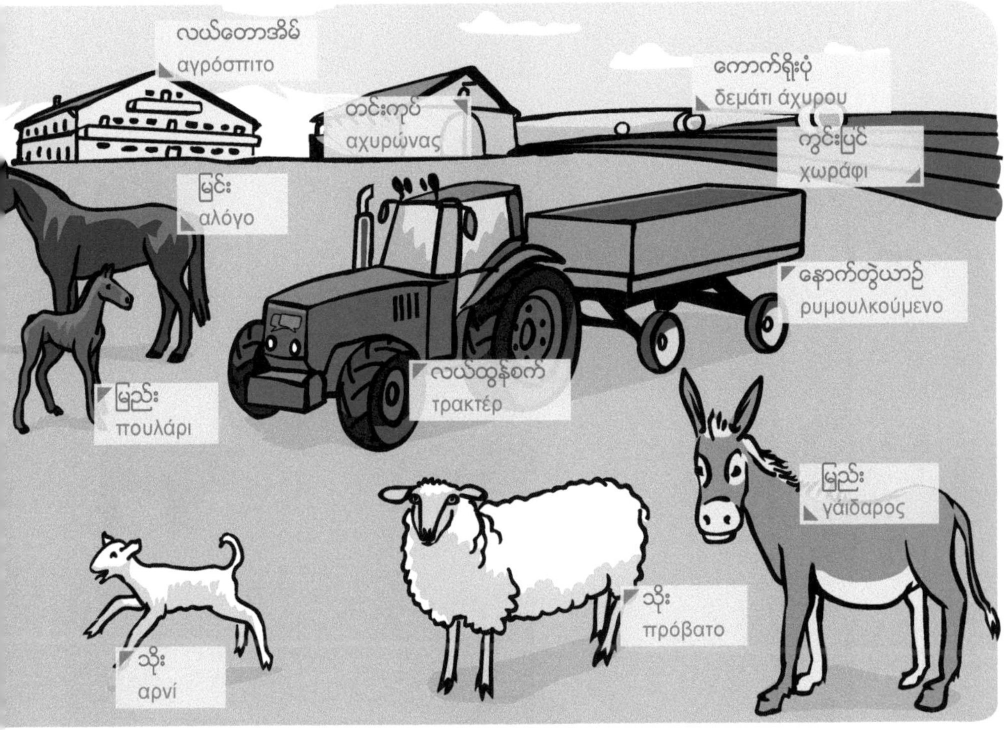

လယ်တောအိမ်
► αγρόσπιτο

တင်းကုပ်
► αχυρώνας

ကောက်ရိုးပုံ
► δεμάτι άχυρου

ကွင်းပြင်
χωράφι

မြင်း
► αλόγο

နောက်တွဲယာဉ်
► ρυμουλκούμενο

မြည်း
πουλάρι

လယ်ထွန်စက်
τρακτέρ

မြည်း
► γάιδαρος

သိုး
αρνί

သိုး
πρόβατο

ဆိတ်
κατσίκα

နွားမ
αγελάδα

နွားလေး
μοσχαράκι

ဝက်
γουρούνι

ဝက်ကလေး
γουρουνάκι

နွားထီး
ταύρος

ဘဲငန်း

χήνα

ဘဲ

πάπια

ကြက်ပေါက်ကလေး

κοτοπουλάκι

ကြက်မ

κότα

ကြက်ဖ

κόκορας

ကြွက်

αρουραίος

ကြောင်

γάτα

ကြွက်ကလေး

ποντίκι

နွားထီး

βόδι

ခွေး

σκύλος

ခွေးအိမ်

σπιτάκι σκύλου

ပန်းခြံရေပိုက်

λάστιχο κήπου

ရေလောင်းသည့်ခွက်

ποτιστήρι

တံစဉ်အပြားကြီး

θεριστήρι

ထယ်

αλέτρι

လယ်ယာ - αγρόκτημα

တံစဉ်
δρεπάνι

ပေါက်ပြား
τσάπα

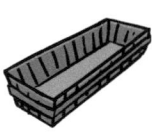

ကောက်ဆွ
δίκρανο

ပေါက်ချွန်း
τσεκούρι

ဘီးတပ် လက်တွန်းလှည်း
χειράμαξα

 စားခွက်
ταΐστρα

နို့ပုံး
δοχείο γάλακτος

အိတ်
σάκος

မြိုစည်းရိုး
φράχτης

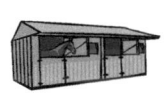

မြင်းဇောင်း
στάβλος

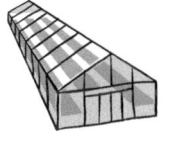

မှန်လုံအိမ်
θερμοκήπιο

မြေကြီး
έδαφος

အစေ့
σπόρος

မြေသြဇာ
λίπασμα

စုပေါင်း ရိတ်သိမ်းသူ
θεριζοαλωνιστική μηχανή

ရိတ်သိမ်းသည်

θερίζω

ရိတ်သိမ်းသည်

συγκομιδή

ပီလောပီနံ

γιαμς

ဂျုံ

σιτάρι

ပဲပုပ်

σόγια

အာလူး

πατάτα

ပြောင်း

καλαμπόκι

နံစားပြောင်းဆီ

κράμβη

အသီးပင်

οπωροφόρο δέντρο

ပီလောပီနံ

μανιόκα

စီရီရယ် ခေါ် နံနက်စာတစ်မျိုး

δημητριακά

λαϊκα - αγρόκτημα

အိမ်

σπίτι

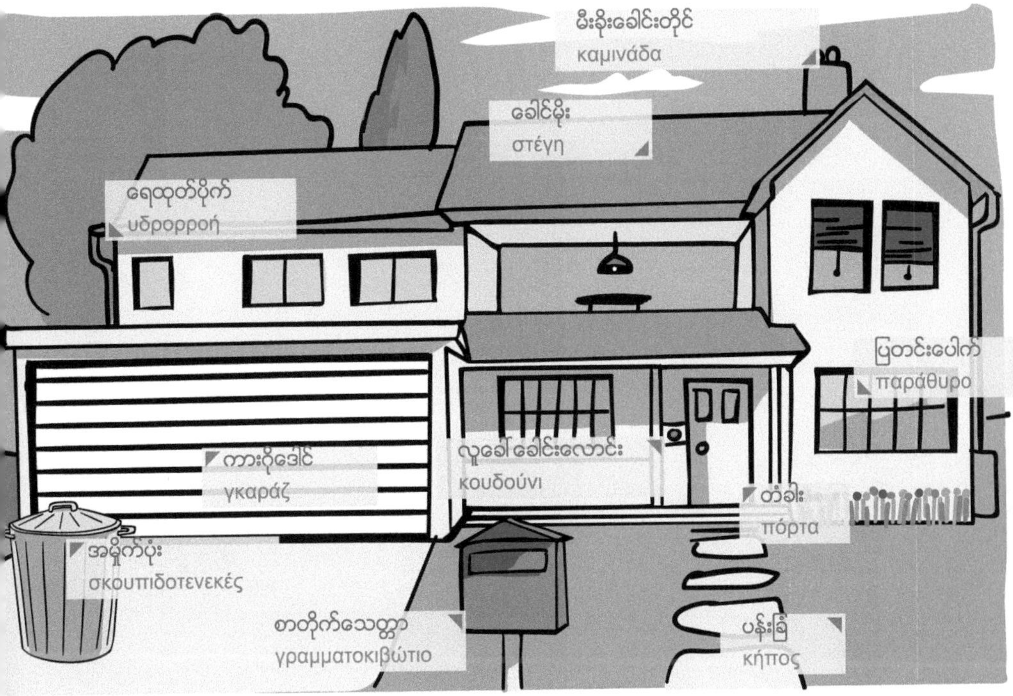
မီးခိုးခေါင်းတိုင်
καμινάδα
ခေါင်မိုး
στέγη
ရေထုတ်ပိုက်
υδρορροή
ပြတင်းပေါက်
παράθυρο
ကားဂိုဒေါင်
γκαράζ
လူခေါ် ခေါင်းလောင်း
κουδούνι
တံခါး
πόρτα
အမှိုက်ပုံး
σκουπιδοτενεκές
စာတိုက်သေတ္တာ
γραμματοκιβώτιο
ပန်းခြံ
κήπος

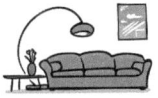

ဧည့်ခန်း

σαλόνι

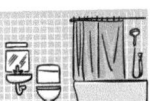

ရေချိုးခန်း

μπάνιο

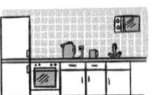

မီးဖိုချောင်

κουζίνα

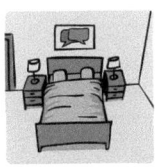

အိပ်ခန်း

υπνοδωμάτιο

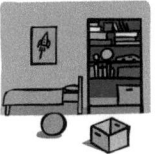

ကလေး အခန်း

παιδικό δωμάτιο

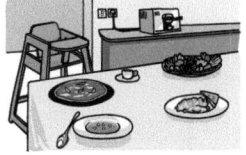

ထမင်းစားခန်း

τραπεζαρία

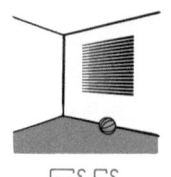

ကြမ်းပြင်
πάτωμα

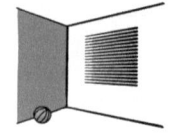

နံရံ
τοίχος

မျက်နှာကြက်
οροφή

မြေအောက်ခန်း
κελάρι

ချွေးထုတ်ခန်း
σάουνα

ဝရန်တာ
μπαλκόνι

ဝရန်တာ
βεράντα

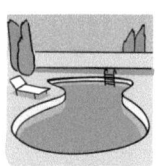

ရေကူးကန်
πισίνα

မြက်ရိတ်စက်
μηχανή του γκαζόν

အချပ်
σεντόνι

အိပ်ယာခင်း
κάλυμμα κρεβατιού

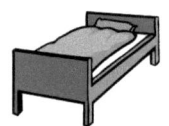

အိပ်ယာ
κρεβάτι

တံမြက်စည်း
σκούπα

ရေပုံး
κουβάς

မီးခလုတ်
διακόπτης

ဧည့်ခန်း
σαλόνι

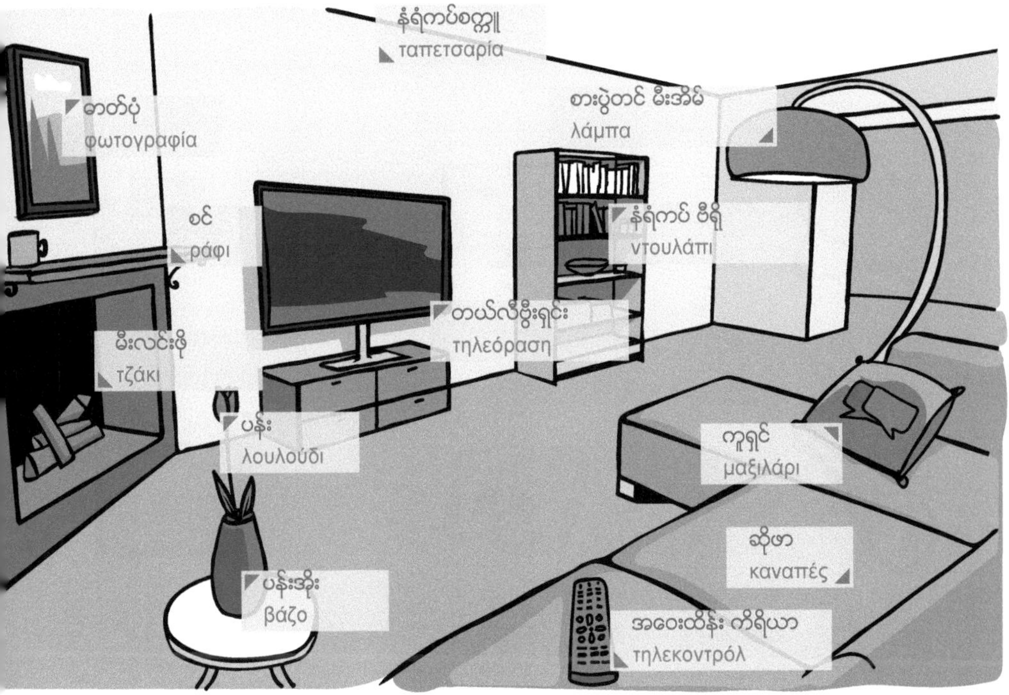
နံရံကပ်စက္ကူ
ταπετσαρία
ဓာတ်ပုံ
φωτογραφία
စားပွဲတင် မီးအိမ်
λάμπα
စင်
ράφι
နံရံကပ် ဗီရို
ντουλάπι
တယ်လီဗွီးရှင်း
τηλεόραση
မီးလင်းဖို
τζάκι
ပန်း
λουλούδι
ကူရှင်
μαξιλάρι
ဆိုဖာ
καναπές
ပန်းအိုး
βάζο
အဝေးထိန်း ကိရိယာ
τηλεκοντρόλ

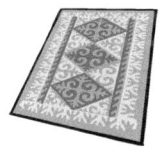

ကော်ဇော

χαλί

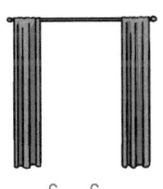

ကန့်လန့်ကာ

κουρτίνα

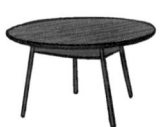

စားပွဲခုံ သို့မဟုတ် ဇယား

τραπέζι

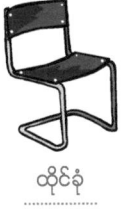

ထိုင်ခုံ

καρέκλα

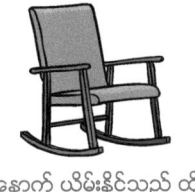

ရှေ့နောက် ယိမ်းနိုင်သည့် ထိုင်ခုံ

κουνιστή πολυθρόνα

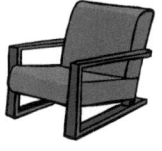

လက်တင်ထိုင်ခုံ

πολυθρόνα

စာအုပ်
....
βιβλίο

စောင်
....
κουβέρτα

အပြင်အဆင်
....
διακόσμηση

ထင်း
....
καυσόξυλα

ဖလင် သို့,မဟုတ် ရုပ်ရှင်
....
ταινία

ဟိုင်ဖိုင် ကိရိယာ
....
στερεοφωνικό σύστημα

သော့
....
κλειδί

သတင်းစာ
....
εφημερίδα

ပန်းချီကား
....
πίνακας ζωγραφικής

ပိုစတာ
....
αφίσα

ရေဒီယို
....
ραδιόφωνο

မှတ်စုစာရွက်အုပ်
....
σημειωματάριο

ဖုံစုပ်စက်
....
ηλεκτρική σκούπα

ရှားစောင်းပင်
....
κάκτος

ဖယောင်းတိုင်
....
κερί

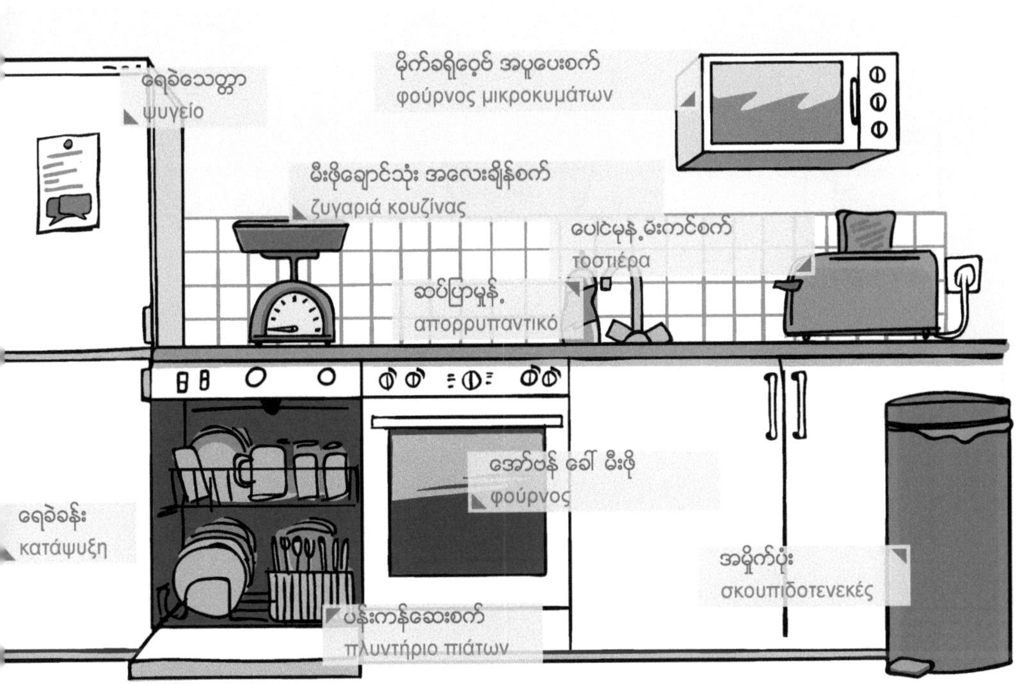

ရေခဲသေတ္တာ
ψυγείο

မိုက်ခရိုဝေ့ဗ် အပူပေးစက်
φούρνος μικροκυμάτων

မီးဖိုချောင်သုံး အလေးချိန်စက်
ζυγαριά κουζίνας

ပေါင်မုန့် မီးကင်စက်
τοστιέρα

ဆပ်ပြာမှုန့်
απορρυπαντικό

အော်ဗင် ခေါ် မီးဖို
φούρνος

ရေခဲခန်း
κατάψυξη

အမှိုက်ပုံး
σκουπιδοτενεκές

ပန်းကန်ဆေးစက်
πλυντήριο πιάτων

လျှပ်စစ် ချက်ပြုတ်အိုး
κουζίνα

အိုး
κατσαρόλα

သံအိုးကြီး
μαντεμένια κατσαρόλα

မွှေကြော်သည့် ဒယ်အိုးကြီး /
ကာဒိုင်း
γουόκ/καντάι

ဒယ်အိုး
τηγάνι

ရေနွေးတည်သည့်အိုး
βραστήρας

ပေါင်းစက်

ατμομάγειρας

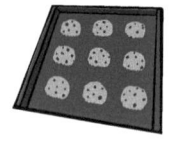

မုန့်ဖုတ်သည့် ပန်း

ταψί

ကြွေပန်းကန်ပြား ခွက်ယောက်

πιατικά

မတ်ခွက်

κούπα

ဇလုံပန်းကန်

μπολ

အစားသည့်တူများ

ξυλάκια

ယောက်ချို

κουτάλα

မွှေသည့်အတံ

σπάτουλα

ခေါက်တံ

ανακατεύω

စစ်သည့် အရာ

σουρωτήρι

စကာ

σουρωτηράκι

ခြစ်သည့်ကိရိယာ

τρίφτης

ကြိုဆုံ

γουδί

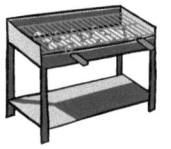

ဘာဘီကျူးကင်

ψησταριά

ထင်းမီးဖို

ανοιχτή φωτιά

စင်းနီးတုံး
σανίδα κοπής

လည်နေသောပင်
πλάστης

ဖော့ဆို့
ανοιχτήρι φελλών

သံဗူး
κονσέρβα

သံဗူးဖောက်တံ
ανοιχτήρι κονσέρβας

အိုးတင်သည့်အရာ
γάντι φούρνου

ရေဆေးသည့် နေရာ
νεροχύτης

စုပ်တံ
βούρτσα

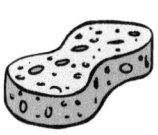

ရေမြှုပ်
σφουγγάρι

မွှေသည့်စက်
μπλέντερ

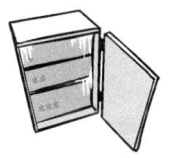

အေးခဲသည့် ရေခဲခန်း
καταψύκτης

ကလေးနို့ဗူး
μπιμπερό

ရေပိုက်ခေါင်း
βρύση

ရေချိုးခန်း

μπάνιο

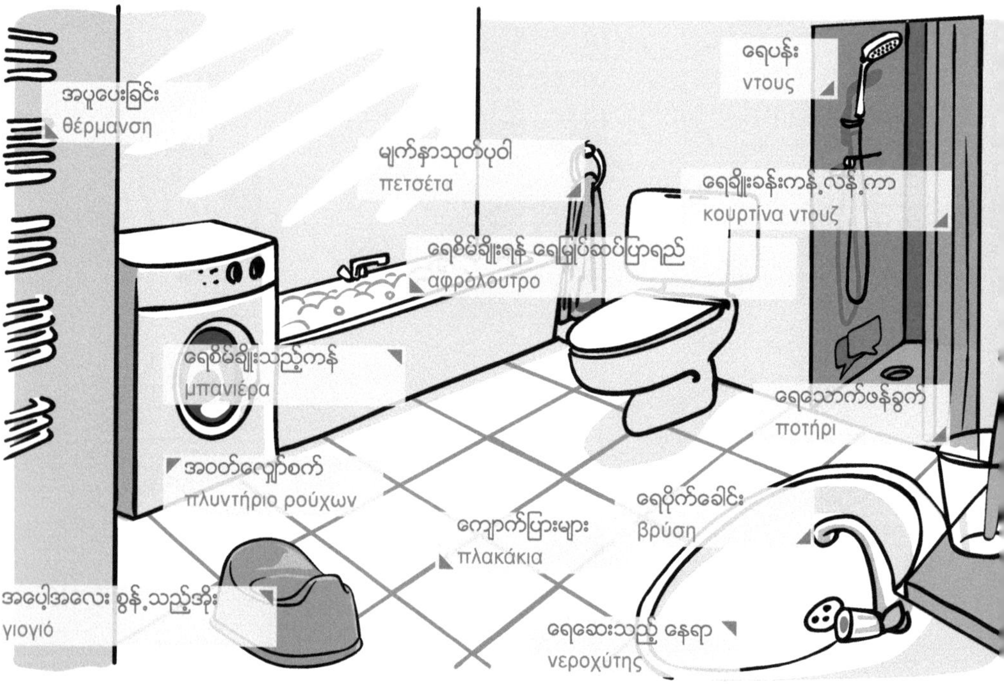

ရေပန်း
ντους
အပူပေးခြင်း
θέρμανση
မျက်နှာသုတ်ပုဝါ
πετσέτα
ရေချိုးခန်းကန့်လန့်ကာ
κουρτίνα ντουζ
ရေစိမ်ချိုးရန် ရေမြှုပ်ဆပ်ပြာရည်
αφρόλουτρο
ရေစိမ်ချိုးသည့်ကန်
μπανιέρα
ရေသောက်ဖန်ခွက်
ποτήρι
အဝတ်လျှော်စက်
πλυντήριο ρούχων
ရေပိုက်ခေါင်း
βρύση
ကြွေပြားများ
πλακάκια
အပေါ့အလေး စွန့်သည့်အိုး
γιογιό
ရေဆေးသည့် နေရာ
νεροχύτης

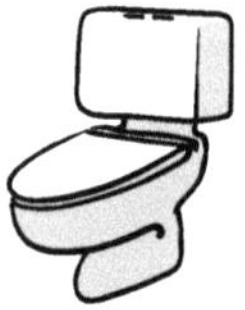

အိမ်သာ

τουαλέτα

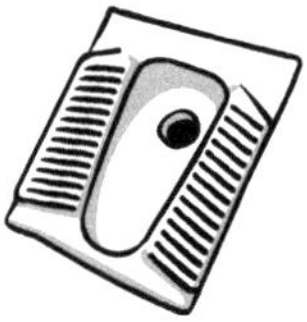

ဆောင့်ကြောင့်ထိုင်ရသည့် အိမ်သာ

τούρκικη τουαλέτα

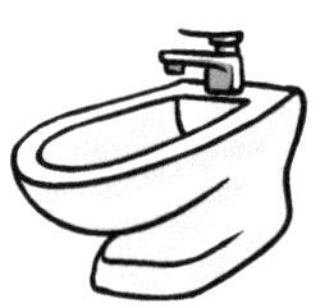

အမျိုးသမီးသုံး အောက်ပိုင်းဆေးသည့် ကမုတ်

μπιντές

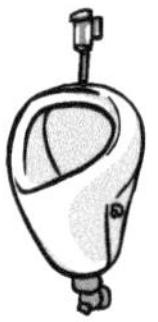

အမျိုးသား ဆီးသွားသည့်ကမုတ်

ουρητήριο

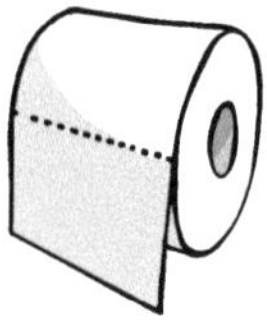

အိမ်သာသုံး စက္ကူ

χαρτί υγείας

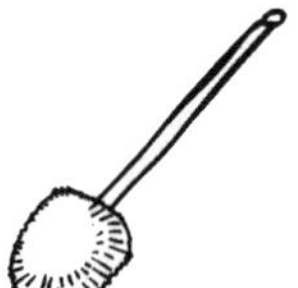

အိမ်သာတိုက် ဘရပ်ရှ်

πιγκάλ

သွားတိုက်တံ
οδοντόβουρτσα

သွားတိုက်ဆေး
οδοντόκρεμα

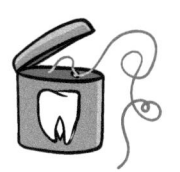

သွား ချေးထုတ်သည့် ကြိုး
οδοντικό νήμα

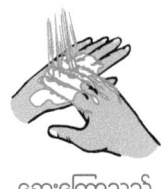

ဆေးကြောသည်
πλένω

လက်ကိုင် ရေပန်း
τηλέφωνο ντους

ရေပန်းဖြင့်ရေချိုးခြင်း
ντουσιέρα

ရေအင်တုံ
λεκάνη

နောက်ကျော ချေးတွန်းသည့်
ဘရပ်ရှ်
βούρτσα πλάτης

ဆပ်ပြာ
σαπούνι

ရေချိုးဆပ်ပြာရည်
αφρόλουτρο

ခေါင်းလျှော်ရည်
σαμπουάν

ဖလန်နယ်စ
φανέλα

ရေထွက်ပေါက်
σιφόνι

ခရင်မ်
κρέμα

ဒီအော်ဒရန့်၊ ခေါ်
ကိုယ်လီမ်းအမွေးနံ့သာ
αποσμητικό

ရေချိုးခန်း - μπάνιο   39

မှန်
καθρέφτης

လက်ကိုင်မှန်
καθρέφτης χειρός

မုတ်ဆိတ်ရိတ်တံ
ξυραφάκι

မုတ်ဆိတ်ရိတ်ရန် အမြှုပ်
αφρός ξυρίσματος

မုတ်ဆိတ်ရိတ်ပြီး
လိမ်းသည့်အမွှေးနံ့သာ
αφτερσέιβ

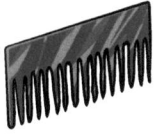

ခေါင်းဘီး
χτένα

ဘရပ်ရှ်
βούρτσα

ဆံပင်ခြောက်စက်
σεσουάρ

ဆံပင်ဖြန်းဆေး
λακ

မိတ်ကပ်
μακιγιάζ

နှုတ်ခမ်းဆိုးဆေး
κραγιόν

လက်သည်းဆိုးဆေး
βερνίκι νυχιών

ဝွမ်းလုံး
βαμβάκι

လက်သည်းညှပ် ကပ်ကြေး
ψαλίδι νυχιών

ရေမွှေး
άρωμα

ရေချိုးခန်းသုံး အိတ်
νεσεσέρ

ခွေးခြေ
σκαμπό

ကိုယ်အလေးချိန်တိုင်းသည့်စက်
ζυγαριά

ရေချိုးပြီး ဝတ်သည့်ဝတ်ရုံ
μπουρνούζι

ရာဘာ လက်အိတ်များ
ελαστικά γάντια

တန်ပွန် ခေါ် ဓမ္မတာလာစဉ် မိန်း
မကိုယ်တွင်းထည့်သည့်အရာ
ταμπόν

အမျိုးသမီး လစဉ်သုံးပုဝါစ
πετσέτα υγιεινής

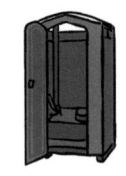

ဓာတုပစ္စည်းထည့်သုံးသည့်
အိမ်သာ
χημική τουαλέτα

ကလေး အခန်း

παιδικό δωμάτιο

နှိုးစက်
ξυπνητήρι
ဖက်အိပ်သည့်အရုပ်
λούτρινο ζωάκι
အရုပ်ကား
αυτοκινητάκι
ခလောက်
κουδουνίστρα
အရုပ်မအိမ်
κουκλόσπιτο
လက်ဆောင်
δώρο

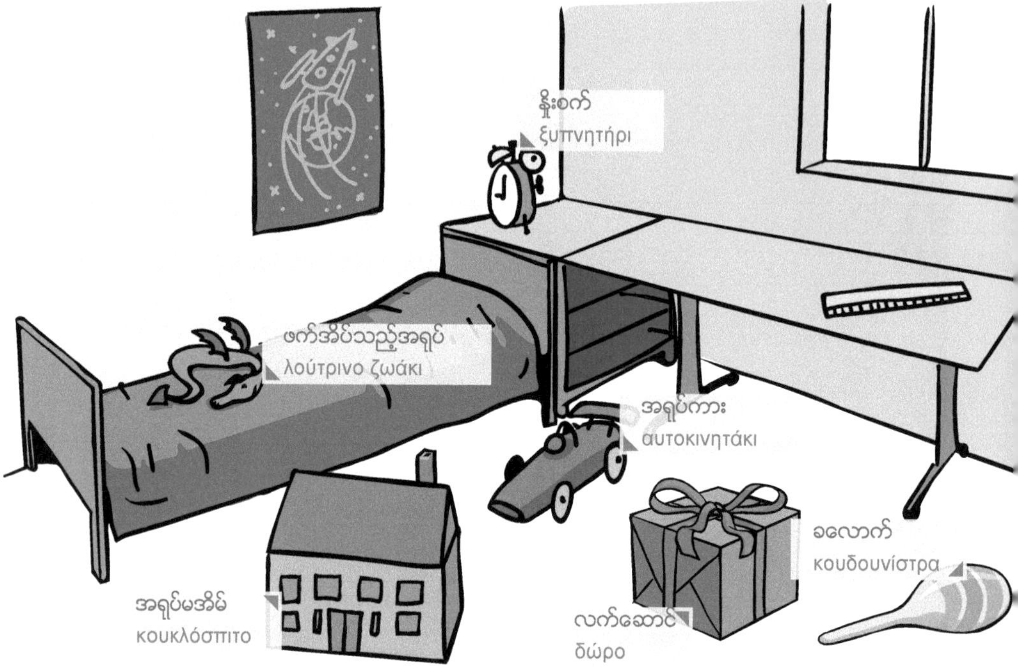

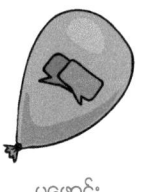

ပူဖောင်း

μπαλόνι

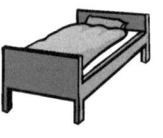

အိပ်ယာ

κρεβάτι

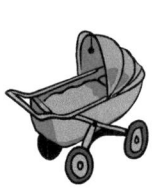

ကလေးတွန်းလှည်း

καροτσάκι

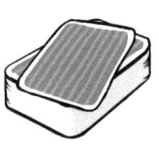

ကစားသည့်ကတ်ထုပ်

τράπουλα

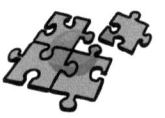

ဂျစ်ဆော ခေါ်
ဆက်၍ကစားသည့်
အပိုင်းအစများ

παζλ

ရုပ်ပြစာအုပ်

κόμικς

တတ်၍ကစားသည့် လေဂို
အတုံးများ
τουβλάκια lego

ဆောက်၍ကစားသည့်
အတုံးများ
τουβλάκια κατασκευών

လှုပ်ရှားလုပ်ကိုင်သူ
φιγούρα δράσης

ဘေဘီဂရီး
βρεφικό φορμάκι

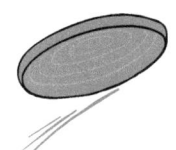

ဖရစ်ဘီး ခေါ် ပစ်၍ ကစားသည့်
အပြား
φρίσμπι

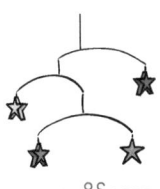

ရွှေ့လျားနိုင်သော
μόμπιλο

တ်ပြားပေါ် တွင် ကစားနည်း
επιτραπέζιο παιχνίδι

အံစာတုံး
ζάρια

ကစားစရာ ရထား အစုံမော်ဒယ်
σετ τρενάκι

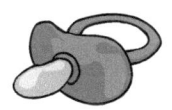

အရုပ်
πιπίλα

ပါတီ
πάρτι

ရုပ်ပြစာအုပ်
εικονογραφημένο βιβλίο

ဘောလုံး
μπάλα

အရုပ်မ
κούκλα

ကစားသည်
παίζω

ကစားသည့် သဲပုံး

σκάμμα με άμμο

ဒန်း

κούνια

အရုပ်များ

παιχνίδια

ဗွီဒီယိုဂိမ်းကစားသည့် စက်

κονσόλα βιντεοπαιχνιδιών

သုံးဘီး စက်ဘီး

τρίκυκλο

တက်ဒီ ဝက်ဝံရုပ်

αρκουδάκι

အဝတ်ဗီရို

ντουλάπα

အဝတ်အစား

ρούχα

ခြေအိတ်များ

κάλτσες

အမျိုးသမီးဝတ် ခြေအိတ်ရှည်

καλτσοδέτες

အမျိုးသမီး ခြေအိတ်အကြပ်

καλσόν

ပုဝါ
κασκόλ

ထီး
ομπρέλα

ခါးပတ်
ζώνη

တီရှပ်
μπλουζάκι

ဘွတ်ဖိနပ်များ
μπότες

ခြေညှပ်ဖိနပ်များ
παντόφλες

အားကစားဖိနပ်များ
αθλητικά παπούτσια

ခြေစွပ် နောက်ပိတ်ဖိနပ်
σανδάλια

ရှူးဖိနပ်များ
παπούτσια

ရာဘာ ဘွတ်ဖိနပ်များ
γαλότσες

အောက်ခံ အဝတ်များ
εσώρουχο

ဘရာဇီယာ
σουτιέν

အပေါ်ထပ် လက်ပြတ်အကျီ
φανέλα

အဝတ်အစား - ρούχα

45

ကိုယ်ခန္ဓာ
σώμα

ဘောင်းဘီရှည်
παντελόνι

ဂျင်းဘောင်းဘီ
τζιν παντελόνι

စကပ်
φούστα

ဘလောက်စ်အကျႍ
μπλούζα

ရှပ်အကျႍ
πουκάμισο

ခေါင်းစွပ်အကျႍ
πουλόβερ

ခေါင်းစွပ်ပါ အကျႍ
πουλόβερ

ဘလေဇာကုတ်အကျႍ
σακάκι

ဂျက်ကတ်အကျႍ
μπουφάν

ကုတ်အကျႍ
παλτό

မိုးကာ ကုတ်အကျႍ
αδιάβροχο πανωφόρι

ဝတ်စုံ
κοστούμι

ဂါဝန်
φόρεμα

လက်ထပ် ဝတ်စုံ
νυφικό

အဝတ်အစား - ρούχα

အနောက်တိုင်းဝတ်စုံပြည့်

κοστούμι

ညအိပ်အကျီ

νυχτικό

ညအိတ်ဝတ်စုံ

πιτζάμες

ဆာရီ

σάρι

ခေါင်းအုပ်ပုဝါ

μαντήλι

တာဘန် ခေါ် ခေါင်းပေါင်း

τουρμπάνι

ဘာကာခေါ်
အမျိုးသမီးခေါင်းအုပ်

μπούρκα

ကွ်ဖတန် ခေါ်
အမျိုးသားဝတ်ဘောင်းဘီ

καφτάνι

အဘယာ ခေါ် မွတ်ဆလင်
အမျိုးသမီးဝတ်အကျီ

μουσουλμανικό ένδυμα

ရေကူးဝတ်စုံ

ολόσωμο μαγιό

အဝတ်သေတ္တာ

ανδρικό μαγιό

ဘောင်းဘီတို

σορτς

အားကစားဝတ်စုံ

αθλητική φόρμα

ခါးစည်း အဝတ်

ποδιά

လက်အိတ်များ

γάντια

ကြယ်သီး

κουμπί

မျက်မှန်

γυαλιά

လက်ကောက်

βραχιόλι

လည်ဆွဲ

περιδέραιο

လက်စွပ်

δαχτυλίδι

နားကပ်

σκουλαρίκι

ခေါင်းဆောင်း ဦးထုပ်

καπέλο

ကုတ်အကျႌ ချိတ်

κρεμάστρα

ဦးထုပ်

καπέλο

နက်တိုင်

γραβάτα

ဇစ်

φερμουάρ

ဟဲလမက်ခေါ် ခေါင်းဆောင်း

κράνος

သွားထိန်းများ

τιράντες

ကျောင်းဝတ်စုံ

μαθητική στολή

ယူနီဖောင်းဝတ်စုံ

στολή

အဝတ်အစား - ρούχα

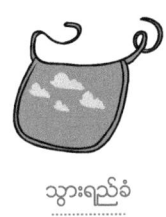

သွားရည်ခံ

σαλιάρα

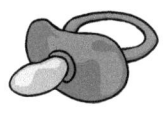

အရုပ်

πιπίλα

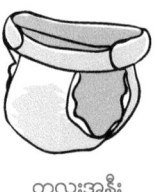

ကလေးအနှီး

πάνα

ရုံးခန်း
γραφείο

ဆာဗာ
σέρβερ
ဖိုင်ထည့်သည့် ဗီရို
αρχειοθήκη
စာရွက်
χαρτί
ပရင်တာ
εκτυπωτής
မော်နီတာ
οθόνη
မောက်စ်
ποντίκι
စာရေးစားပွဲခုံ
γραφείο
စာရွက်ထည့်သည့် ခေါက်ဖိုင်
ντοσιέ
ကီးဘုတ်
πληκτρολόγιο
အမှိုက်စက္ကူပုံး
καλάθι αχρήστων
ကွန်ပြူတာ
υπολογιστής
ထိုင်ခုံ
καρέκλα

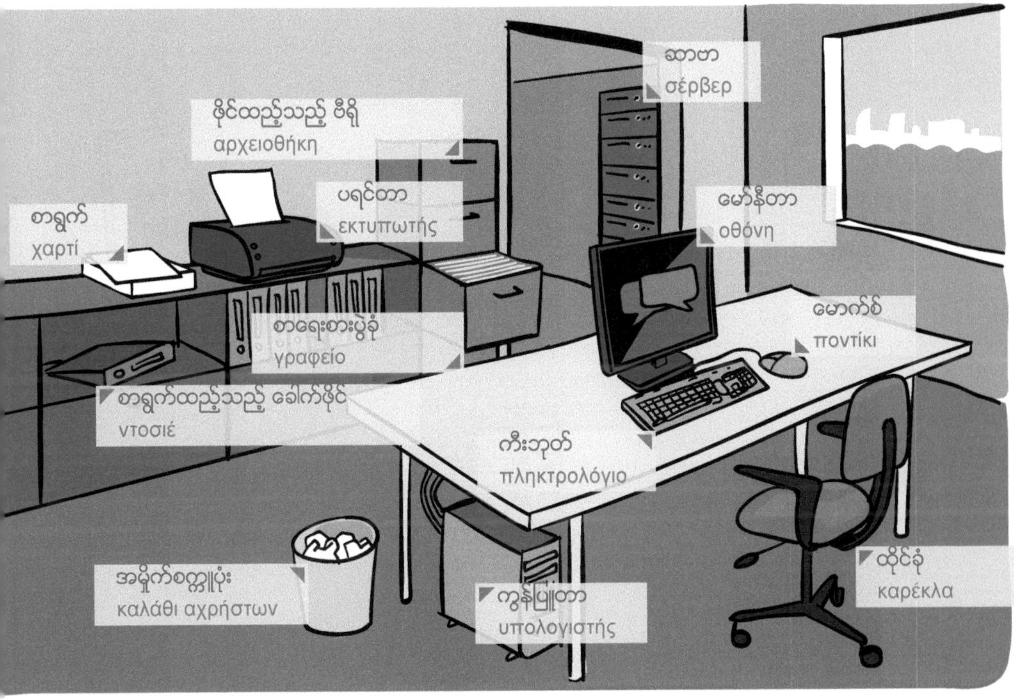

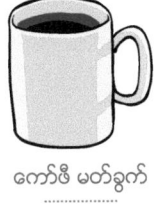

ကော်ဖီ မတ်ခွက်

κούπα του καφέ

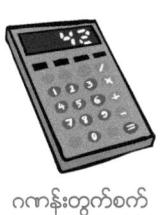

ဂဏန်းတွက်စက်

κομπιουτεράκι

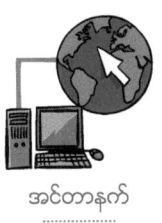

အင်တာနက်

ίντερνετ

ပေါင်ပေါ် တင်ရှိက်နိုင်သည့်
ကွန်ပျူတာ
λάπτοπ

စာ
γράμμα

မက်ဆေ့ချ်
μήνυμα

မိုဘိုင်းဖုန်း
κινητό

ကွန်ရက်
δίκτυο

မိတ္တူကူးစက်
φωτοτυπικό μηχάνημα

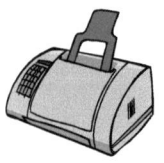

ဆော့ဖဲ့ဝဲရ်
λογισμικό

တယ်လီဖုန်း
τηλέφωνο

ပလပ်ပေါက်
πρίζα

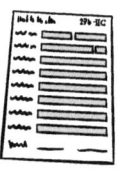

ဖက်စ်ပို့ သည့် စက်
συσκευή φαξ

ပုံစံ
έντυπο

စာရွက်စာတမ်း
έγγραφο

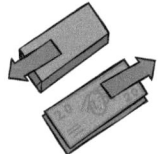
ဝယ်ယူသည်
αγοράζω

ပေးအပ်သည်
πληρώνω

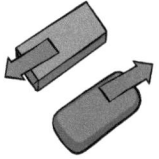
ကုန်သွယ်သည်
συναλλάσσομαι

ပိုက်ဆံ
χρήματα

ဒေါ်လာ
δολάριο

ယူရိုငွေ
ευρώ

ယန်းငွေ
γιεν

ရူဘယ်ငွေ
ρούβλι

ဆွစ်ဇာလန်နိုင်ငံသုံးငွေ
ελβετικό φράγκο

ရင်မင်ဘီ ယွမ်
ρενμίνμπι γιουάν

ရူပီး
ρουπία

ငွေချေသည့်နေရာ
ATM (αυτόματη ταμειακή μηχανή)

ငွေလဲဌာန
ανταλλακτήρια
συναλλάγματος

ရွှေ
χρυσός

ငွေ
ασήμι

ဆီ
πετρέλαιο

စွမ်းအင်
ενέργεια

ဈေးနှုန်း
τιμή

စာချုပ်
συμβόλαιο

အခွန်
φόρος

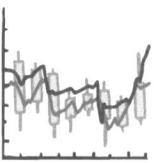

စတော့ဈေးကွက်
μετοχή

အလုပ်လုပ်သည်
δουλεύω

ဝန်ထမ်း
υπάλληλος

အလုပ်ရှင်
εργοδότης

စက်ရုံ
εργοστάσιο

ဆိုင်
κατάστημα

ရဲအရာရှိ
αστυνόμος

မီးသတ်သမား
πυροσβέστης

စားဖိုမှူး
μάγειρας

ဆရာဝန်
γιατρός

ပိုင်းလော့
πιλότος

မာလီ
κηπουρός

လက်သမား
ξυλουργός

စက်ချုပ်သူ
μοδίστρα

တရားသူကြီး
δικαστής

ဓာတုဗေဒပညာရှင်
χημικός

သရုပ်ဆောင်
ηθοποιός

ဘတ်စ်ကားမောင်းသမား

οδηγός λεωφορείου

တက်စီမောင်းသူ

ταξιτζής

ငါးဖမ်းသမား

ψαράς

သန့်ရှင်းရေး အလုပ်သမ

καθαρίστρια

အမိုးပြင်သူ

τεχνίτης στεγών

စားပွဲထိုး

σερβιτόρος

အမဲလိုက်မုဆိုး

κυνηγός

ဆေးသုတ်သမား သို့ မဟုတ်
ပန်းချီဆရာ

ζωγράφος

မုန့်ဖုတ်သမား

αρτοποιός

လျှပ်စစ်ပညာရှင်

ηλεκτρολόγος

ဆောက်လုပ်ရေးသမား

οικοδόμος

အင်ဂျင်နီယာ

μηχανολόγος

သားသတ်သမား

κρεοπώλης

ပိုက်ဆက်ဆရာ

υδραυλικός

စာပို့သမား

ταχυδρόμος

စစ်သား
στρατιώτης

ဗိသုကာပညာရှင်
αρχιτέκτονας

ငွေကိုင်
ταμίας

ပန်းပညာရှင်
ανθοπώλης

ဆံပင်အလှပြင်သူ
κομμωτής

လက်မှတ်စစ်
ελεγκτής εισιτηρίων

စက်ပြင်ဆရာ
μηχανικός

ကပ္ပတိန်
καπετάνιος

သွားဘက်ဆိုင်ရာ ဆရာဝန်
οδοντίατρος

သိပ္ပံပညာရှင်
επιστήμονας

ရာဘိုင်
ραβίνος

မွတ်ဆလင် တရားဟောဆရာ
ιμάμης

ဘုန်းကြီး
μοναχός

တရားဟောဆရာ
ιερέας

ကိရိယာ တန်ဆာပလာများ

εργαλεία

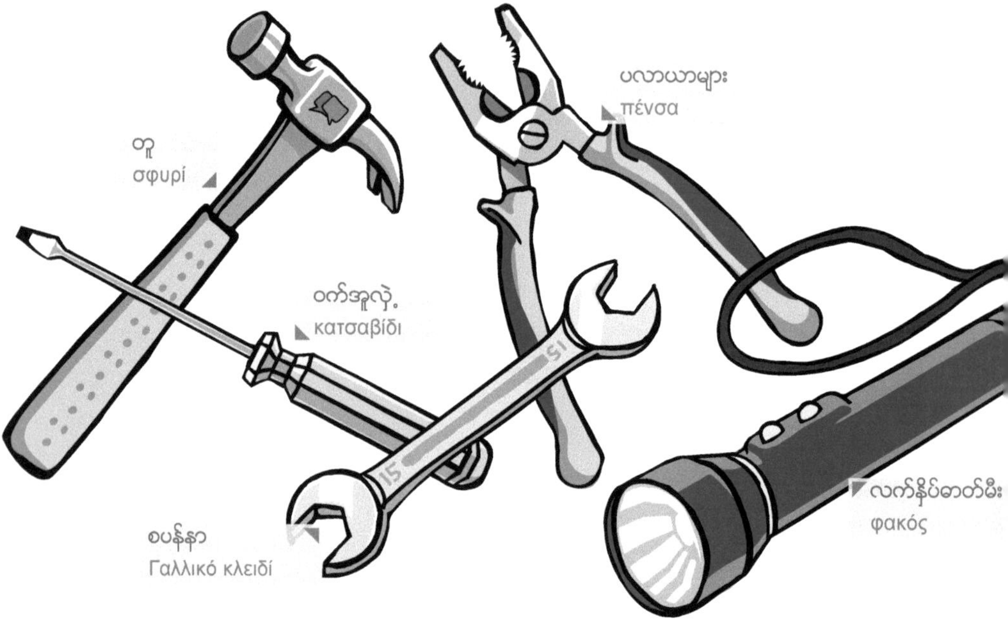

တူ
σφυρί
ပလာယာများ
πένσα
ဝက်အူလှဲ့
κατσαβίδι
စပန်နာ
Γαλλικό κλειδί
လက်နှိပ်ဓာတ်မီး
φακός

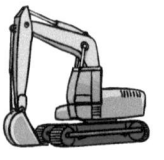

မြေတူးစက်

εκσκαφέας

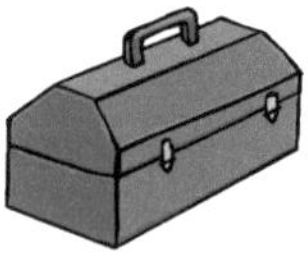

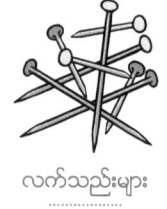

လက်သမားသုံးကိရိယာ သေတ္တာ

εργαλειοθήκη

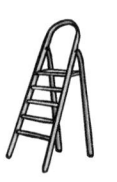

လှေကား

σκάλα

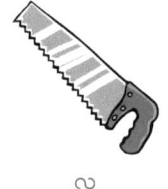

လွှ

πριόνι

လက်သည်းများ

καρφιά

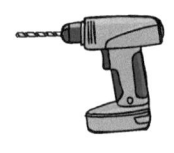

အပေါက်ဖောက်စက်

τρυπάνι

ပြင်ဆင်သည်
επισκευάζω

ဂေါ်ပြား
φτυάρι

ချီးတဲ့မှပဲ
Να πάρει!

ဖုန်ကျ||းသည့် ဂေါ်ပြား
φαράσι

ဆေးရောင်အိုး
δοχείο χρωμάτων

ဝက်အူများ
βίδες

ဂီတတူရိယာများ
μουσικά όργανα

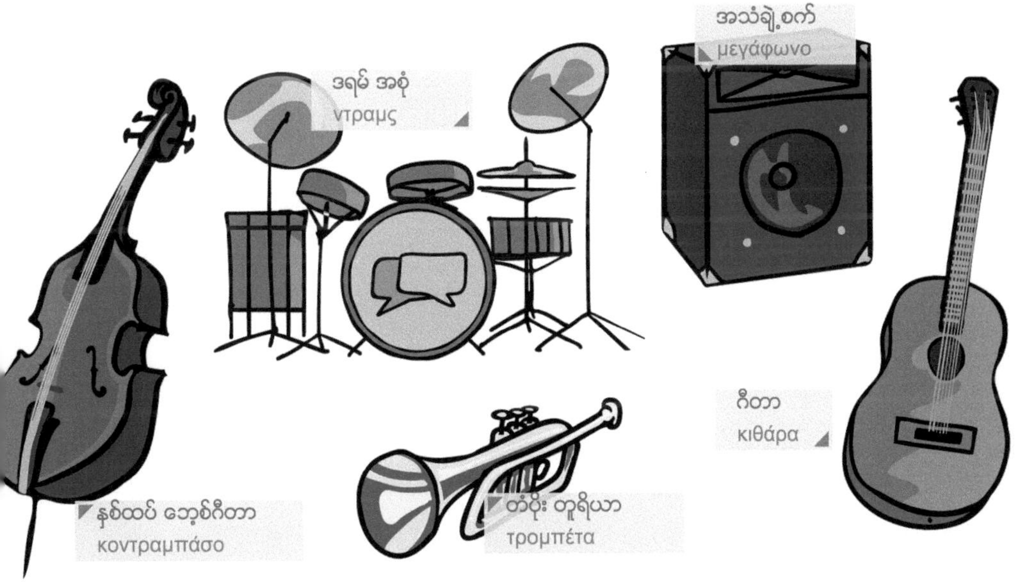

အသံချဲ့စက်
μεγάφωνο

ဒရမ် အစုံ
ντραμς

ဂီတာ
κιθάρα

နစ်ထပ် ဘော့စ်ဂီတာ
κοντραμπάσο

တံပိုး တူရိယာ
τρομπέτα

စန္တယား

πιάνο

တယော

βιολί

ဘေ့စ်ဂီတာ

μπάσο

နားစည်အမြှေးပါး

τύμπανα

ဒရမ်များ

τύμπανο

ကီးဘုတ် တူရိယာ

πλήκτρα

ဆက်ဆိုဖုန်း ခေါ်
လေမှုတ်တူရိယာ

σαξόφωνο

ပုလွေ

φλάουτο

စကားပြောစက်

μικρόφωνο

တိရိစ္ဆာန်ရုံ
ζωολογικός κήπος

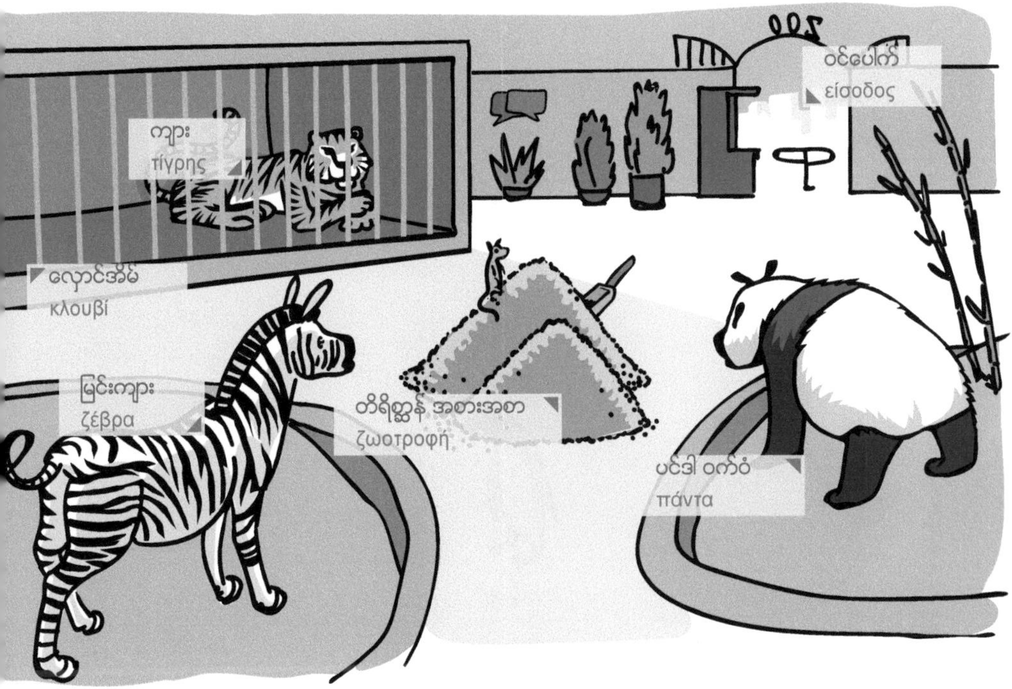
ဝင်ပေါက်
είσοδος
ကျား
τίγρης
လှောင်အိမ်
κλουβί
မြင်းကျား
ζέβρα
တိရိစ္ဆာန် အစားအစာ
ζωοτροφή
ပင်ဒါ ဝက်ဝံ
πάντα

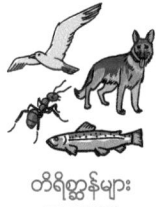

တိရိစ္ဆာန်များ

ζώα

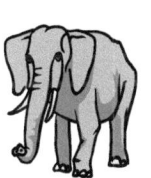

ဆင်

ελέφαντας

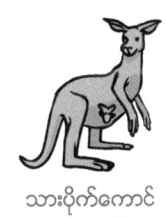

သားပိုက်ကောင်

καγκουρό

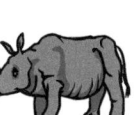

ကြံ့

ρινόκερος

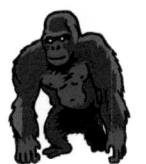

ဂေါ်ရီလာမျောက်

γορίλας

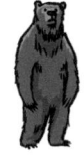

ဝက်ဝံ

αρκούδα

ကုလားအုတ်

καμήλα

ငှက်ကုလားအုတ်

στρουθοκάμηλος

ခြင်္သေ့

λιοντάρι

မျောက်

πίθηκος

ဖလန်မင်းဂိုးငှက်

φλαμίνγκο

ကြက်တူရွေး

παπαγάλος

ပိုလာဝက်ဝံ

πολική αρκούδα

ပင်ဂွင်းငှက်

πιγκουίνος

ငါးမန်း

καρχαρίας

ဥဒေါင်းငှက်

παγώνι

မြွေ

φίδι

မိချောင်း

κροκόδειλος

တိရိစ္ဆာန်ရုံ ထိန်းသိမ်းသူ

φύλακας ζωολογικού κήπου

ဖျံ

φώκια

ကျားသစ်

τζάγκουαρ

ပိုနီမြင်း
πόνυ

ကျားသစ်
λεοπάρδαλη

ရေမြင်း
ιπποπόταμος

သစ်ကုလားအုတ်
καμηλοπάρδαλη

သိန်းငှက်
αετός

တောဝက်
αγριογούρουνο

ငါး
ψάρι

လိပ်
χελώνα

ပင်လယ်ဖျံကြီး
θαλάσσιος ίππος

မြေခွေး
αλεπού

ဦးချိုပါ သမင်ညီတစ်မျိုး
γαζέλα

အမေရိကန် ဖွတ်ဘော
Αμερικάνικο ποδόσφαιρο

စက်ဘီးစီးခြင်း
ποδηλασία

တင်းနစ်ရိုက်ခြင်း
αντισφαίριση

ဘတ်စကက်ဘော
μπάσκετ

ရေကူးခြင်း
κολύμβηση

လက်ဝှေ့
πυγχαμία

ရေခဲပြင် ဟော်ကီ
χόκεϋ επί πάγου

ဘောလုံးကန်ခြင်း
ποδόσφαιρο

ကြက်တောင်ရိုက်ခြင်း
μπάντμιντον

ကိုယ်လက်လှုပ်ရှား
အားကစားများ
στίβος

ဟန်းဒ်ဘော ခေါ် လက်ပစ်ဘော
χάντμπολ

နှင်းလျှောစီးခြင်း
σκι

ပိုလို
πόλο

လှုပ်ရှားမှုများ
δραστηριότητες

ရယ်မောသည်
γελάω
ခုန်သည်
πηδάω
ပွေ့ဖက်သည်
αγκαλιάζω
လမ်းလျှောက်သည်
περπατάω
သီချင်းဆိုသည်
τραγουδάω
အိပ်မက်သည်
ονειρεύομαι
ဆုတောင်းသည်
προσεύχομαι
နမ်းရှုပ်သည်
φιλάω

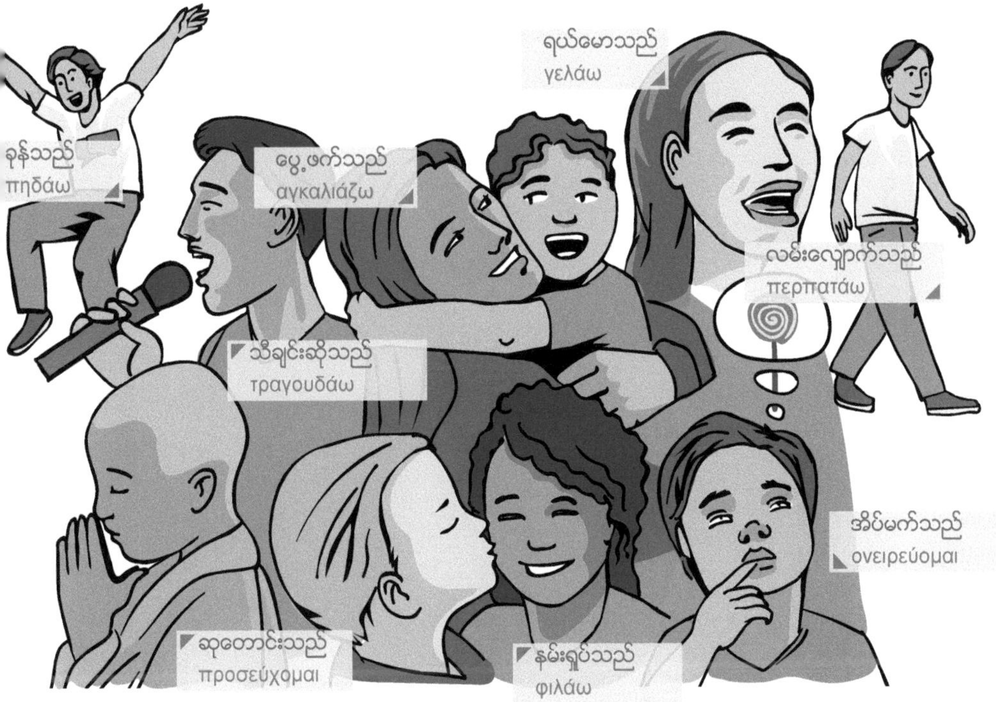

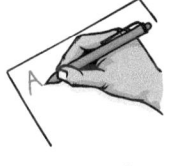

စာရေးသည်
γράφω

ရေးဆွဲသည်
σχεδιάζω

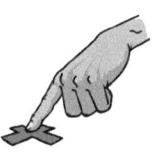

ပြသသည်
δείχνω

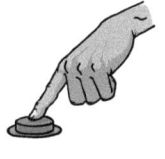

တွန်းသည်
πιέζω

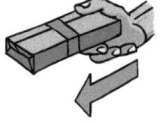

ပေးသည်
δίνω

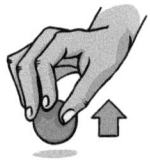

ယူသည်
παίρνω

ရှိသည်

έχω

ပြုလုပ်သည်

κάνω

ဖြစ်သည်

είμαι

မတ်တပ်ရပ်သည်

στέκομαι

ပြေးသည်

τρέχω

ဆွဲသည်

τραβάω

ပစ်သည်

ρίχνω

လဲကျသည်

πέφτω

လိမ်လည်သည်

ξαπλώνω

စောင့်ဆိုင်းသည်

περιμένω

သယ်ဆောင်သည်

κουβαλώ

ထိုင်သည်

κάθομαι

အဝတ်အစားဝတ်သည်

φοράω

အိပ်သည်

κοιμάμαι

အိပ်ယာမှ ထသည်

ξυπνάω

တစ်ခုခုကို ကြည့်ရှုသည်

κοιτάω

ငိုသည်

κλαίω

ပွတ်သပ်သည်

χαϊδεύω

ဘီးဖီးသည်

χτενίζω

စကားပြောသည်

μιλάω

နားလည်သည်

καταλαβαίνω

မေးသည်

ρωτάω

နားထောင်သည်

ακούω

သောက်သည်

πίνω

စားသည်

τρώω

သပ်ရပ်အောင်လုပ်သည်

συγυρίζω

ချစ်သည်

αγαπάω

ချက်ပြုတ်သည်

μαγειρεύω

မောင်းသည်

οδηγώ

ပျံသန်းသည်

πετάω

ရွက်လွှင့်သည်

κάνω ιστιοπλοΐα

တွက်ပါ

υπολογίζω

ဖတ်သည်

διαβάζω

သင်ယူသည်

μαθαίνω

အလုပ်လုပ်သည်

δουλεύω

လက်ထပ်သည်

παντρεύομαι

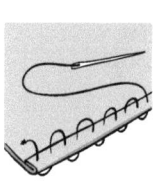

အပ်ချုပ်သည်

ράβω

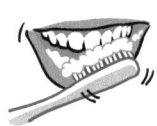

သွားတိုက်သည်

βουρτσίζω τα δόντια

သတ်သည်

σκοτώνω

ဆေးလိပ်သောက်သည်

καπνίζω

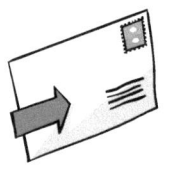

ပို့သည်

στέλνω

အဖွား
γιαγιά

အဖိုး
παππούς

ဖခင်
πατέρας

မိခင်
μητέρα

ကလေး
μωρό

သမီး
κόρη

သား
γιος

ဧည့်သည်
καλεσμένος

အဒေါ်
θεία

ဦးလေး
θείος

အစ်ကို
αδελφός

အစ်မ
αδελφή

ကိုယ်ခန္ဓာ
σώμα

နဖူး
μέτωπο
မျက်လုံး
μάτι
ပခုံး
ώμος
လက်ချောင်း
δάχτυλο
မျက်နှာ
πρόσωπο
မေးစေ့
πιγούνι
လက်
χέρι
ရင်သား
στήθος
ခြေသလုံး
πόδι
လက်မောင်း
βραχίονας

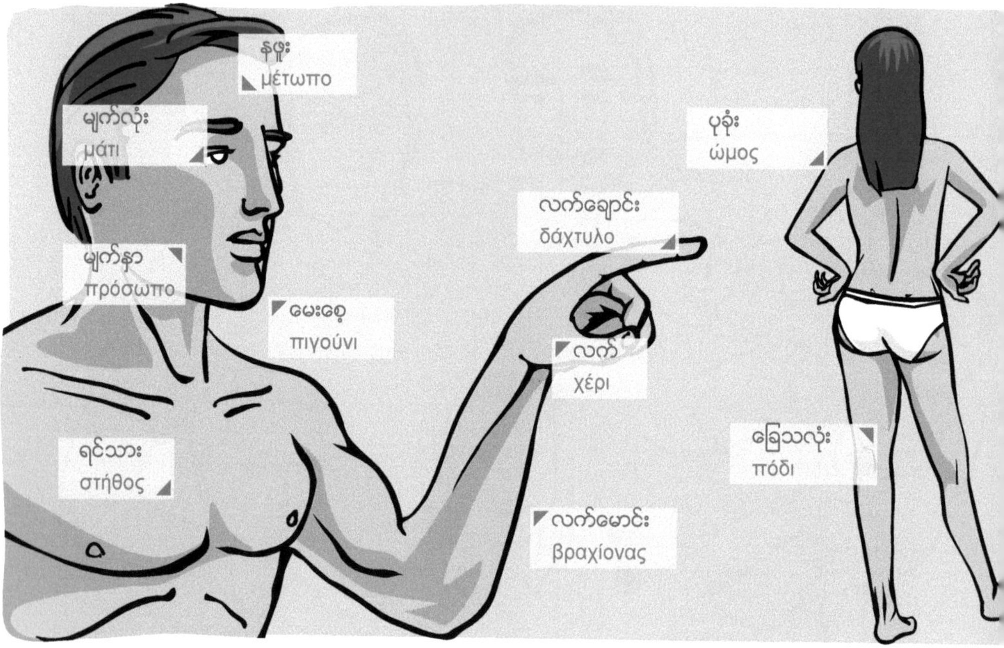

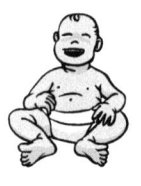

ကလေး
μωρό

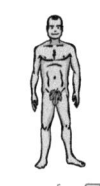

ယောက်ျားကြီး
άνδρας

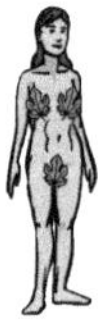

အမျိုးသမီးကြီး
γυναίκα

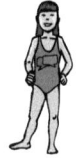

မိန်းကလေး
κορίτσι

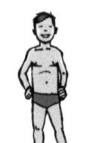

ယောက်ျားလေး
αγόρι

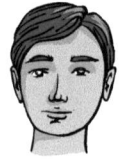

ဦးခေါင်း
κεφάλι

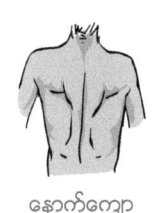

နောက်ကျော

πλάτη

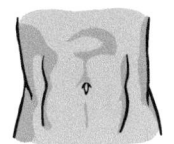

ဗိုက်

κοιλιά

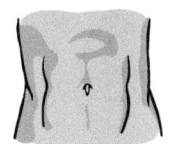

ချက်

αφαλός

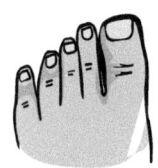

ခြေချောင်း

δάχτυλο ποδιού

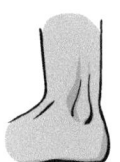

ဖနောင့်

φτέρνα

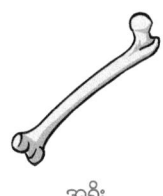

အရိုး

κόκκαλο

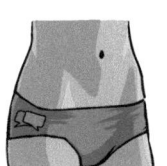

တင်ရိုး

γοφός

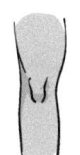

ဒူးခေါင်း

γόνατο

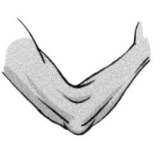

တံတောင်ဆစ်

αγκώνας

နှာခေါင်း

μύτη

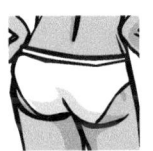

တင်ပါး

γλουτός

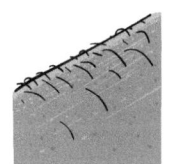

အရေပြား

δέρμα

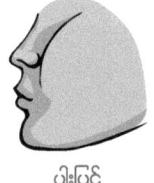

ပါးပြင်

μάγουλο

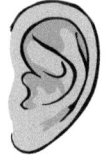

နား

αυτί

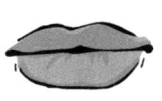

နှုတ်ခမ်း

χείλος

ကိုယ်ခန္ဓာ - σώμα

ပါးစပ်

στόμα

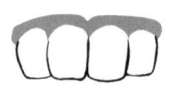

သွား

δόντι

လျှာ

γλώσσα

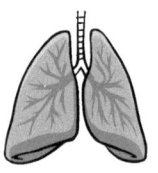

ဦးနှောက်

εγκέφαλος

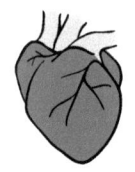

နှလုံး

καρδιά

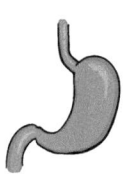

ကြွက်သား

μυς

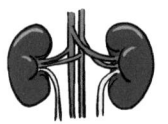

အဆုတ်

πνεύμονας

အသည်း

συκώτι

အစာအိမ်

στομάχι

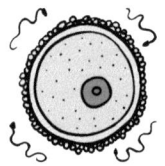

ကျောက်ကပ်များ

νεφρά

လိင်

σεξουαλική επαφή

ကွန်ဒုံး

προφυλακτικό

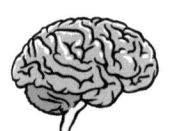

သားဥ

ωάριο

သုတ်ရည်

σπέρμα

ကိုယ်ဝန်

εγκυμοσύνη

ဓမ္မတာလာခြင်း
περίοδος

မိန်းမကိုယ်
γυναικείος κόλπος

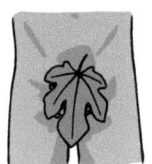

လိင်တံ
πέος

မျက်ခုံး
φρύδι

ဆံပင်
μαλλιά

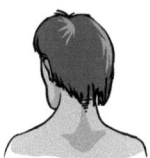

လည်ပင်း
λαιμός

ဆေးရုံ

νοσοκομείο

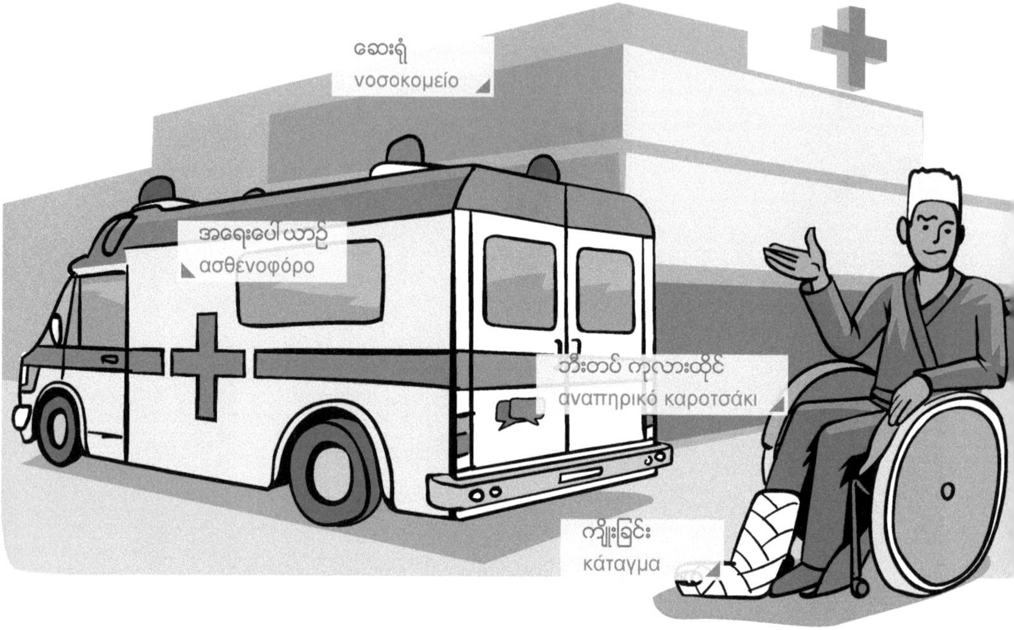

ဆေးရုံ
νοσοκομείο
အရေးပေါ်ယာဉ်
ασθενοφόρο
ဘီးတပ် ကုလားထိုင်
αναπηρικό καροτσάκι
ကျိုးခြင်း
κάταγμα

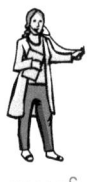

ဆရာဝန်

γιατρός

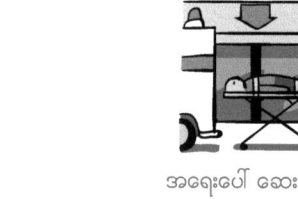

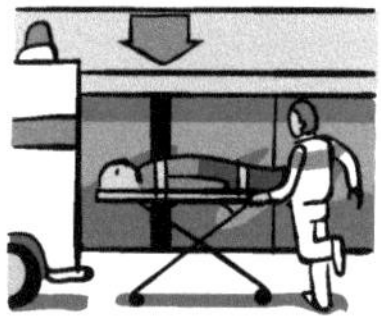

အရေးပေါ် ဆေးကုသခန်း

μονάδα εντατικής θεραπείας

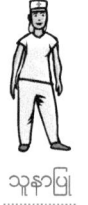

သူနာပြု

νοσοκόμα

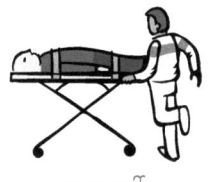

အရေးပေါ်

έκτακτη ανάγκη

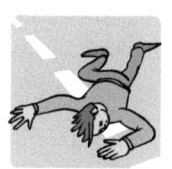

သတိလစ်ခြင်း

λιπόθυμος

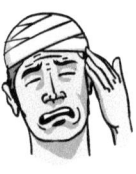

နာခြင်း

πόνος

ဒဏ်ရာ
τραύμα

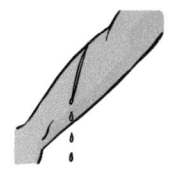

သွေးယိုထွက်ခြင်း
αιμορραγία

နှလုံးရပ်ခြင်း
έμφραγμα

လေဖြတ်ခြင်း
εγκεφαλικό

ဓာတ်မတည့်ခြင်း
αλλεργία

ချောင်းဆိုးခြင်း
βήχας

အဖျား
πυρετός

တုပ်ကွေးရောဂါ
γρίπη

ဝမ်းပျက်ဝမ်းလျှောခြင်း
διάρροια

ခေါင်းကိုက်ခြင်း
πονοκέφαλος

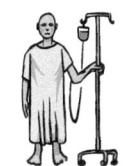

ကင်ဆာရောဂါ
καρκίνος

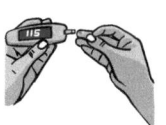

ဆီးချိုရောဂါ
διαβήτης

ခွဲစိတ်ဆရာဝန်
χειρουργός

ခွဲစိတ်ခန်းသုံးဓါးပါး
νυστέρι

ခွဲစိတ်ခြင်း
εγχείρηση

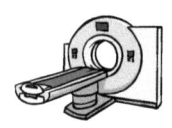

စီတီ
αξονική τομογραφία

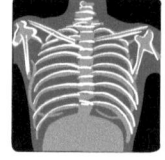

ဓာတ်မှန်
ακτινογραφία

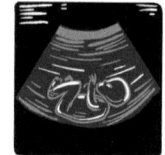

အာထရာဆောင်း
υπέρηχος

မျက်နှာဖုံး
μάσκα

ရောဂါ
ασθένεια

စောင့်ဆိုင်းရန် အခန်း
αίθουσα αναμονής

ချိုင်းထောက်
πατερίτσα

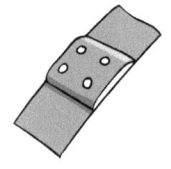

ပလာစတာ
χάνσαπλαστ

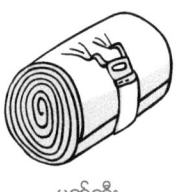

ပတ်တီး
επίδεσμος

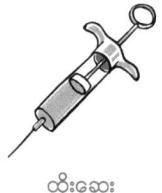

ထိုးဆေး
ένεση

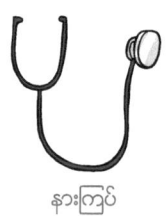

နားကြပ်
στηθοσκόπιο

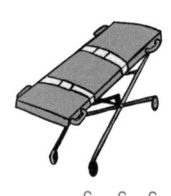

လူနာတင်ထမ်းစင်
φορείο

ကူသရေးပိုင်းသုံး
အပူချိန်တိုင်းသာမိုမီတာ
θερμόμετρο

မွေးဖွားခြင်း
γέννηση

အဝလွန်ခြင်း
υπέρβαρο

နားကြားကိရိယာ
ακουστικό βαρηκοΐας

ပိုးသတ်ဆေး
αντισηπτικό

ရောဂါကူးစက်ခြင်း
λοίμωξη

ဗိုင်းရပ်စ်ပိုး
ιός

အိတ်ချ်အိုင်ဗွီ /
အေအိုင်ဒီအက်စ်
HIV/AIDS

ဆေးဝါး
φάρμακο

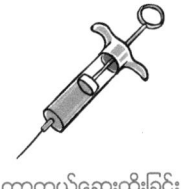

ကာကွယ်ဆေးထိုးခြင်း
εμβολιασμός

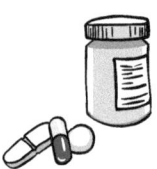

ဆေးလုံးများ
δισκία

ဆေးလုံး
χάπι

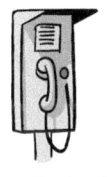

အရေးပေါ် ဖုန်းခေါ် ဆိုမှု
λήση έκτακτης ανάγκης

သွေးဖိအား စောင့်ကြည့်သည့်
ကိရိယာ
πιεσόμετρο αίματος

နာမကျန်းသော / ကျန်းမာသော
άρρωστος / υγιής

ကူညီကြပါ။

Βοήθεια!

အရေးပေါ် ခေါင်းလောင်း

συναγερμός

ရိုက်နှက်သည်

βιαιοπραγία

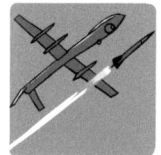

တိုက်ခိုက်သည်

επίθεση

အန္တရာယ်

κίνδυνος

အရေးပေါ် ထွက်ပေါက်

έξοδος κινδύνου

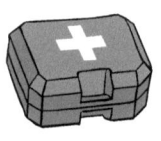

မီး။

Φωτιά!

မီးသတ်ဘူး

πυροσβεστήρας

မတော်တဆဖြစ်ရပ်

ατύχημα

ကြက်ခြေနီ ဆေးပုံး

κουτί πρώτων βοηθειών

အက်စ်အိုအက်စ်

SOS

ရဲ

αστυνομία

ဥရောပတိုက်

Ευρώπη

မြောက်အမေရိကတိုက်

Βόρεια Αμερική

တောင်အမေရိကတိုက်

Νότια Αμερική

အာဖရိကတိုက်

Αφρική

အာရှတိုက်

Ασία

ဩစတြေးလျတိုက်

Αυστραλία

အတ္တလန္တိတ် သမုဒ္ဒရာ

Ατλαντικός Ωκεανός

ပစိဖိတ် သမုဒ္ဒရာ

Ειρηνικός Ωκεανός

အိန္ဒိယ သမုဒ္ဒရာ

Ινδικός Ωκεανός

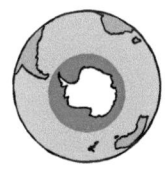

အန္တာတိတ် သမုဒ္ဒရာ

Ανταρκτικός Ωκεανός

အာတိတ် သမုဒ္ဒရာ

Αρκτικός Ωκεανός

မြောက်ဝင်ရိုးစွန်း

Βόρειος Πόλος

တောင်ဝင်ရိုးစွန်း

Νότιος Πόλος

အန္တာတိကတိုက်

Ανταρκτική

ကမ္ဘာမြေကြီး

Γη

ကုန်းမြေ

γη

ပင်လယ်

θάλασσα

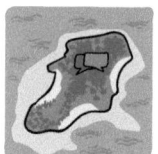

ကျွန်း

νησί

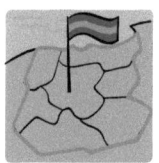

နိုင်ငံကူးလက်မှတ်

έθνος

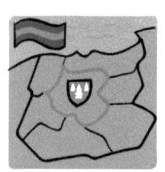

ပြည်နယ်

πολιτεία

နာရီမျက်နှာပြင်
καντράν ρολογιού

နာရီလက်တံ
ωροδείκτης

မိနစ်လက်တံ
λεπτοδείκτης

ဒုတိယလက်တံ
δείκτης δευτερολέπτων

ဘယ်အချိန်ရှိပြီလဲ။
Τι ώρα είναι;

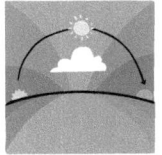

ရက်
ημέρα

အချိန်
χρόνος

ယခု
τώρα

ဒစ်ဂျစ်တယ် လက်ပတ်နာရီ
ψηφιακό ρολόι

မိနစ်
λεπτό

နာရီ
ώρα

ရက်သတ္တပတ်
εβδομάδα

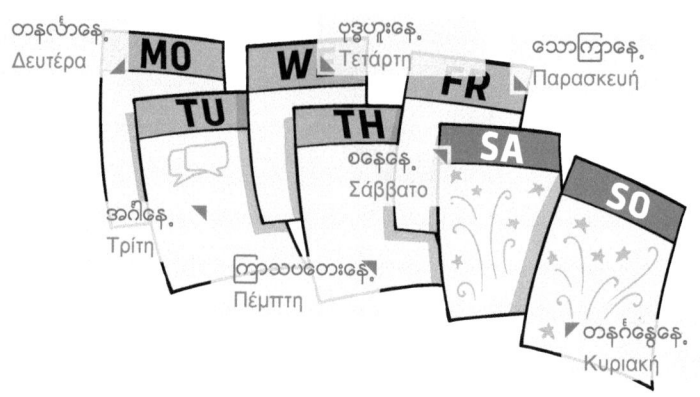

တနင်္လာနေ့.
Δευτέρα

ဗုဒ္ဓဟူးနေ့.
Τετάρτη

သောကြာနေ့.
Παρασκευή

အင်္ဂါနေ့.
Τρίτη

စနေနေ့.
Σάββατο

ကြာသပတေးနေ့.
Πέμπτη

တနင်္ဂနွေနေ့.
Κυριακή

မနေ့.က
χθες

ယနေ့.
σήμερα

မနက်ဖြန်
αύριο

မနက်
πρωί

နေ့.လည်
μεσημέρι

ညနေ
βράδυ

အလုပ်လုပ်ရက်များ
εργάσιμες ημέρες

စနေ တနင်္ဂနွေ အားလပ်ရက်
Σαββατοκύριακο

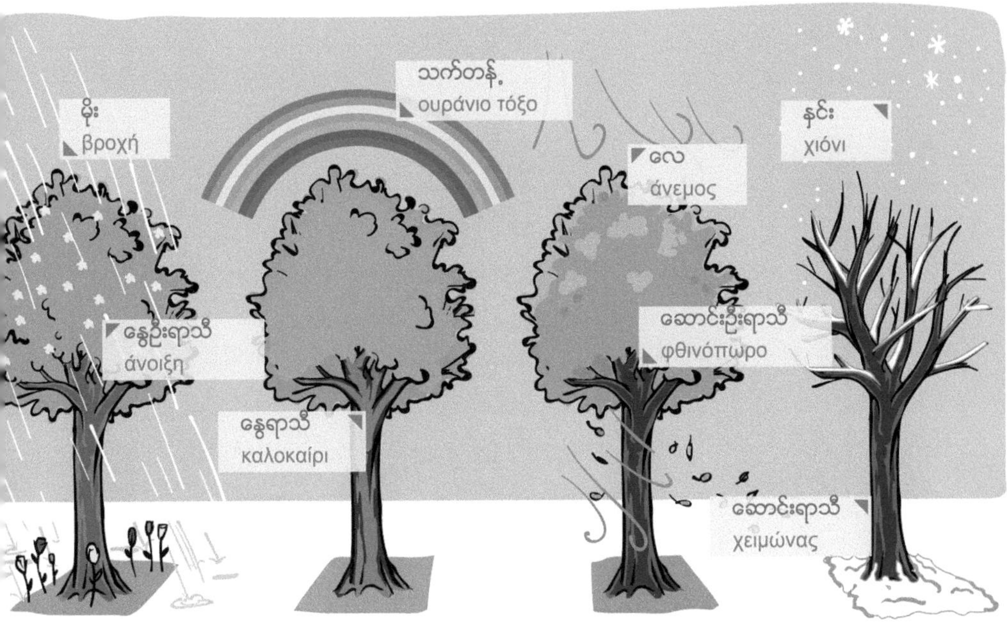

မိုး
βροχή

သက်တန့်,
ουράνιο τόξο

လေ
άνεμος

နှင်း
χιόνι

နွေဦးရာသီ
άνοιξη

နွေရာသီ
καλοκαίρι

ဆောင်းဦးရာသီ
φθινόπωρο

ဆောင်းရာသီ
χειμώνας

4.APRIL	11°	☀
5.APRIL	4°	
6.APRIL	13°	
7.APRIL	8°	☀
8.APRIL	10°	☀

လဝသ ကြိုတင်ခန့်မှန်းချက်

....

πρόγνωση καιρού

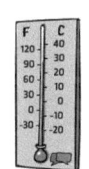

အပူချိန်တိုင်း ကိရိယာ

....

θερμόμετρο

နေရောင်ခြည်

....

λιακάδα

တိမ်

....

σύννεφο

မြူ

....

ομίχλη

စိုထိုင်းဆ

....

υγρασία

လျှပ်စီးလက်ခြင်း
αστραπή

မိုးကြိုး
κεραυνός

မုန်တိုင်း
καταιγίδα

မိုးသီး
χαλάζι

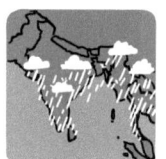

မိုးရာသီ
μουσώνας

ရေကြီးခြင်း
πλημμύρα

ရေခဲ
πάγος

ဇန်နဝါရီလ
Ιανουάριος

ဖေဖော်ဝါရီလ
Φεβρουάριος

မတ်လ
Μάρτιος

ဧပြီလ
Απρίλιος

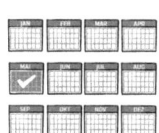

မေလ
Μάιος

ဇွန်လ
Ιούνιος

ဇူလိုင်လ
Ιούλιος

သြဂုတ်လ
Αύγουστος

နှစ် - έτος

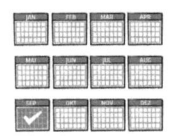

စက်တင်ဘာလ
Σεπτέμβριος

အောက်တိုဘာလ
Οκτώβριος

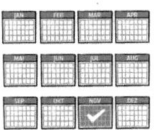

နိုဝင်ဘာလ
Νοέμβριος

ဒီဇင်ဘာလ
Δεκέμβριος

σχήματα

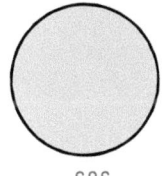

စက်ဝိုင်း
κύκλος

စတုရန်း
τετράγωνο

ထောင့်မှန်စတုဂံ
ορθογώνιο
παραλληλόγραμμο

တြိဂံ
τρίγωνο

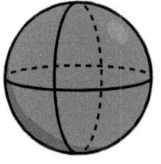

စက်ဝန်း
σφαίρα

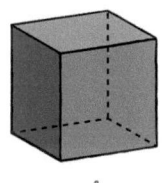

အတုံး
κύβος

အဖြူရောင်
άσπρο

အဝါရောင်
κίτρινο

လိမ္မော်ရောင်
πορτοκαλί

ပန်းရောင်
ροζ

အနီရောင်
κόκκινο

ခရမ်းရောင်
μωβ

အပြာရောင်
μπλε

အစိမ်းရောင်
πράσινο

အညိုရောင်
καφέ

မီးခိုးရောင်
γκρι

အနက်ရောင်
μαύρο

ၣများအပြား / အနည်းငယ်

πολύ / λίγο

စိတ်ဆိုးသော /
စိတ်တည်ငြိမ်သော

θυμωμένος / ήρεμος

လှပသော / ရုပ်ဆိုးသော

όμορφος / άσχημος

အစ / အဆုံး

αρχή / τέλος

အကြီးသော / အငယ်

μεγάλος / μικρός

တောက်ပသော / မှောင်မဲသော

φωτεινός / σκοτεινός

ညီအစ်ကို / ညီအစ်မ

αδελφός / αδελφή

သန့်ရှင်းသော / ညစ်ပတ်သော

καθαρός / λερωμένος

ပြည့်စုံသော / မပြည့်စုံသော

πλήρης / ατελής

နေ့ / ည

ημέρα / νύχτα

သေသော / ရှင်သော

νεκρός / ζωντανός

ကျယ်သော / ကျဉ်းသော

φαρδύς / στενός

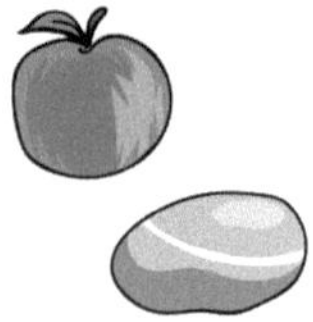

စားသုံးနိုင်သော / မစားသုံးနိုင်သော

βρώσιμος / μη βρώσιμος

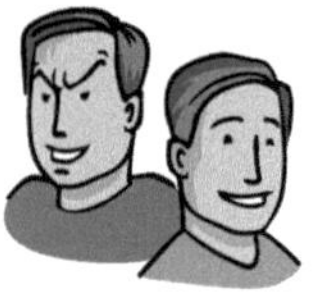

စိတ်ယုတ်သော / ကြင်နာသော

κακός / ευγενικός

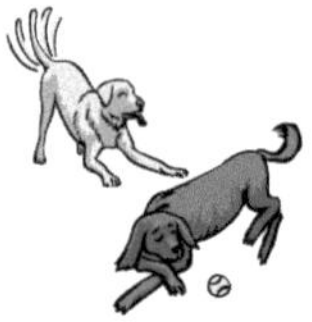

စိတ်လှုပ်ရှားဖွယ် / ပျင်းရိဖွယ်

ενθουσιασμένος / βαριεστημένος

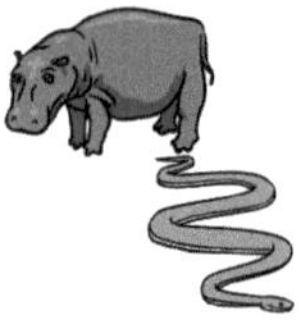

ဝသော / ပိန်သော

παχύς / λεπτός

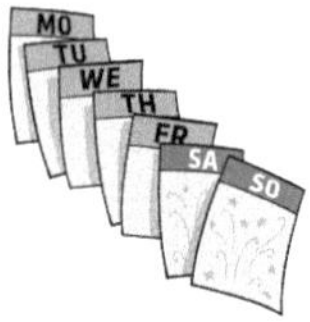

ပထမ / နောက်ဆုံးပိတ်

πρώτος / τελευταίος

မိတ်ဆွေ / ရန်သူ

φίλος / εχθρός

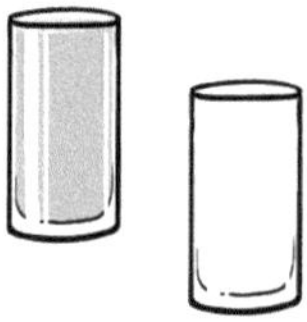

အပြည့် / ဘာမှမရှိ

γεμάτος / άδειος

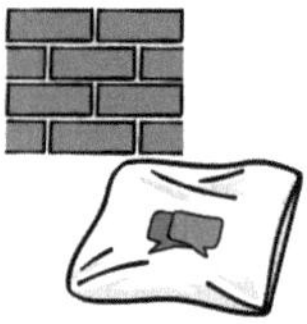

မာသော / ပျော့သော

σκληρός / μαλακός

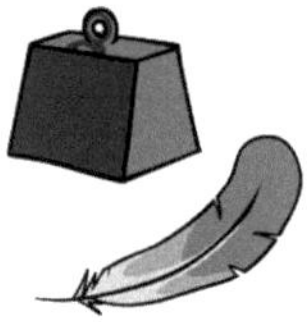

လေးလံသော / ပေါ့ပါးသော

βαρύς / ελαφρύς

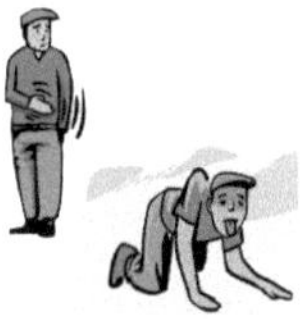

ဆာလောင်သော / ရေဆာသော

πείνα / δίψα

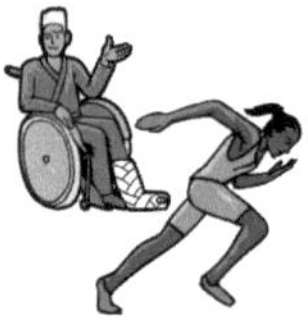

နာမကျန်းသော / ကျန်းမာသော

άρρωστος / υγιής

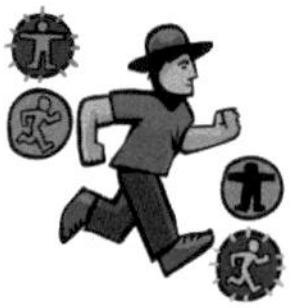

တရားမဝင်သော / တရားဝင်သော

παράνομος / νόμιμος

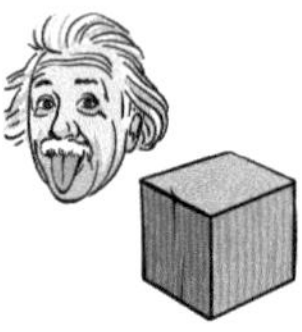

ဉာဏ်ကောင်းသော / ထိုင်းသော

έξυπνος / χαζός

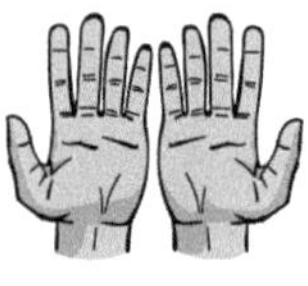

ဘယ် / ညာ

αριστερός / δεξιός

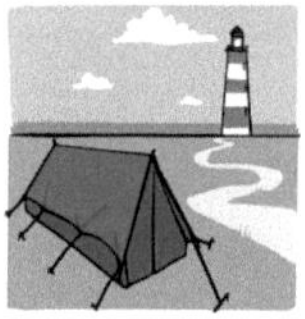

နီးသော / ဝေးသော

κοντινός / μακρινός

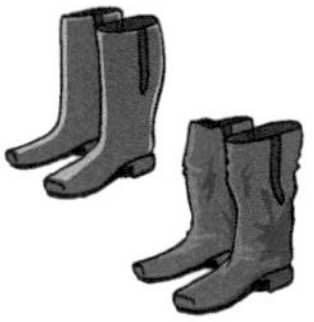

အသစ် / အသုံးပြုပြီးသား

....

καινούριος / μεταχειρισμένος

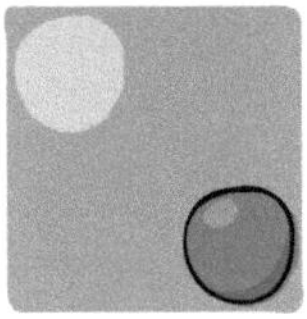

ဘာမှမရှိ / တစ်ခုခု

....

τίποτα / κάτι

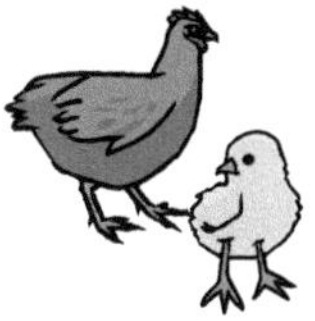

အသက်ကြီးသော / ငယ်ရွယ်သော

γέρος | νέος

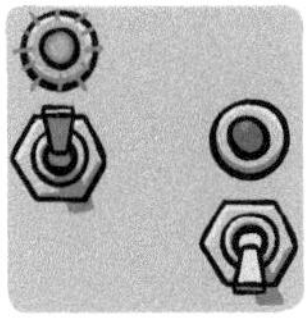

ဖွင့်သော / ပိတ်သော

....

αναμμένος / σβηστός

ဖွင့်သော / ပိတ်သော

....

ανοιχτός / κλειστός

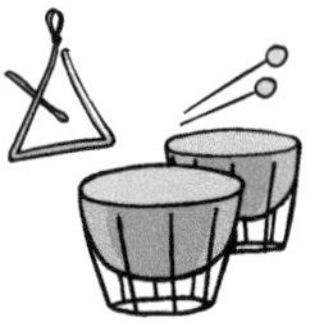

တိတ်ဆိတ် / ကျယ်လောင်

....

χαμηλόφωνος / μεγαλόφωνος

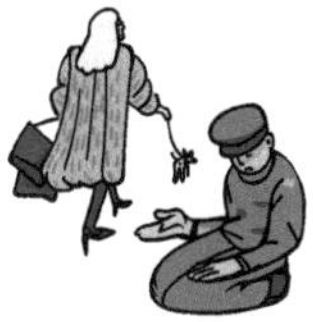

ချမ်းသာ / ဆင်းရဲ

....

πλούσιος / φτωχός

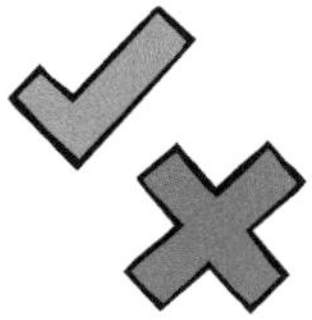

အမှန် / အမှား

....

σωστός / λανθασμένος

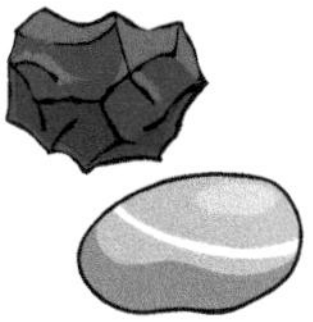

ကြမ်းတမ်း / ချောမွေ့

....

τραχύς / λείος

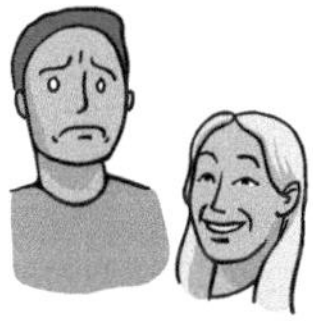

ဝမ်းနည်း / ဝမ်းသာ

....

υπημένος / χαρούμενος

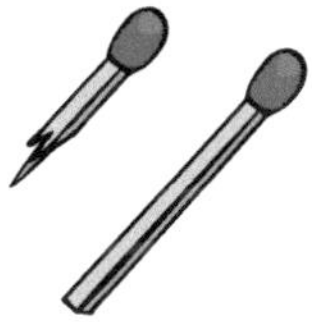

အတို / အရှည်

....

κοντός / μακρύς

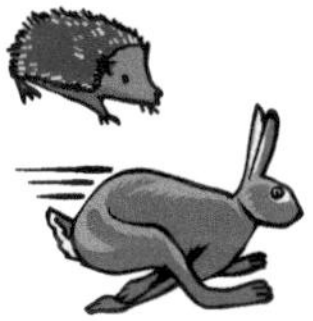

အနှေး / အမြန်

....

αργός / γρήγορος

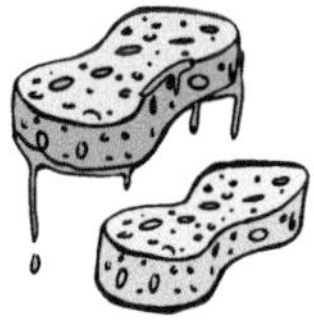

တ်သော / ခြောက်သွေ့သော

....

υγρός / στεγνός

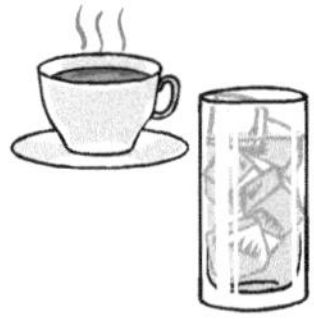

နွေးထွေးသော / အေးမြသော

....

ζεστός / δροσερός

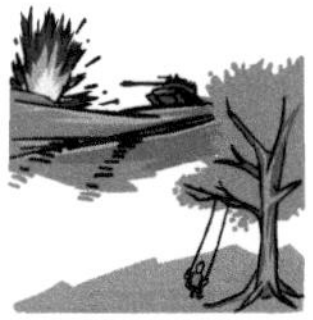

စစ် / ငြိမ်းချမ်းရေး

....

πόλεμος / ειρήνη

0
သုည
μηδέν

1
တစ်
ένα

2
နှစ်
δύο

3
သုံး
τρία

4
လေး
τέσσερα

5
ငါး
πέντε

6
ခြောက်
έξι

7
ခုနှစ်
εφτά

8
ရှစ်
οκτώ

9
ကိုး
εννιά

10
တစ်ဆယ်
δέκα

11
ဆယ့်တစ်
έντεκα

12

ဆယ့်နှစ်

δώδεκα

13

ဆယ့်သုံး

δεκατρία

14

ဆယ့်လေး

δεκατέσσερα

15

ဆယ့်ငါး

δεκαπέντε

16

ဆယ့်ခြောက်

δεκαέξι

17

ဆယ့်ခုနစ်

δεκαεφτά

18

ဆယ့်ရှစ်

δεκαοκτώ

19

ဆယ့်ကိုး

δεκαεννέα

20

နှစ်ဆယ်

είκοσι

100

ရာ

εκατό

1.000

ထောင်

χίλια

1.000.000

မီလျံ

εκατομμύριο

အင်္ဂလိပ် ဘာသာစကား

Αγγλικά

အမေရိကန် အင်္ဂလိပ်
ဘာသာစကား
Αμερικάνικα Αγγλικά

တရုတ် မန်ဒဒရင်း ဘာသာစကား

Μανδαρίνικα Κινέζικα

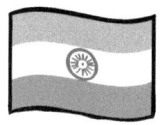

ဟိန္ဒူ ဘာသာစကား

Χίντι

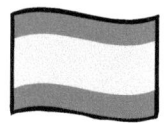

စပိန် ဘာသာစကား

Ισπανικά

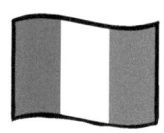

ပြင်သစ် ဘာသာစကား

Γαλλικά

အာရဗီ ဘာသာစကား

Αραβικά

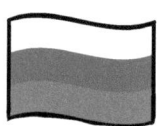

ရုရှ ဘာသာစကား

Ρώσικα

ပေါ်တူဂီ ဘာသာစကား

Πορτογαλικά

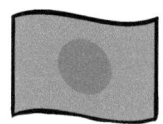

ဘင်္ဂါလီ ဘာသာစကား

Μπενγκάλι

ဂျာမန် ဘာသာစကား

Γερμανικά

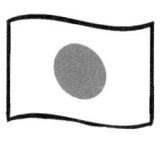

ဂျပန် ဘာသာစကား

Ιαπωνικά

ကျွန်ုပ်

εγώ

သင်

εσύ

သူ / သူမ / ၎င်း

αυτός / αυτή / αυτό

ကျွန်ုပ်တို့

εμείς

သင်တို့

εσείς

သူတို့

αυτοί / αυτές / αυτά

ဘယ်သူလဲ။

ποιος / ποια / ποιο;

ဘာလဲ။

τι;

ဘယ်လိုလဲ။

πώς;

ဘယ်နေရာလဲ။

πού;

ဘယ်အချိန်လဲ။

πότε;

အမည်

όνομα

ဘယ်နေရာလဲ

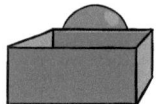

အနောက်ဖက်

πίσω

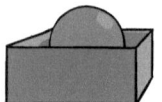

အတွင်း

μέσα

အရှေ့ဖက်

μπροστά

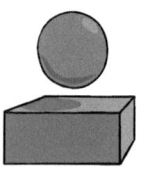

အထက်ဖက်

πάνω από

အပေါ်ဖက်

πάνω

အောက်ဖက်

κάτω

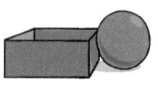

ဘေးဖက်

δίπλα

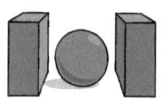

ကြား

ανάμεσα

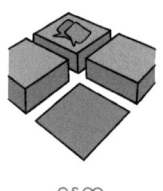

နေရာ

μέρος